Stop. Smile. See.
멈추고, 미소 짓고, 바라보세요.

하루명상

읽는 명상 365일

내 | 책 | 상 | 위 | 의 | 작 | 은 | 명 | 상 | 실

생각속의집

서문 |
흩어진 마음을 모으는 시간

"나는 지금 어디에 있을까?"
바쁘고 지친 하루의 끝, 문득 멈춰 서서 숨을 쉬어봅니다.
몸은 여기 있지만, 마음은 어딘가 떠돌고 있을 때가 많습니다.
명상은 멀리 있는 것이 아닙니다.
깊은 산속이나 고요한 수련장이 아니어도,
잠시 멈춰 나에게 시선을 돌리는 순간,
그게 바로 명상의 시작입니다.
블랙핑크 제니, 마크 저커버그, 오프라 윈프리…
이들의 공통점은 무엇일까요?
바로 매일의 루틴 속에 '명상'을 실천한다는 것입니다.
세상에서 가장 바쁘고, 가장 성공한 이들이
왜 하루의 한순간을 '멈춤'에 쓰는 걸까요?
그 이유는, 명상이 마음의 중심을 잡아주기 때문입니다.
명상이란 '여기'로 돌아오는 연습입니다.

밖으로 향하던 주의를 안으로 돌리고,
과거와 미래를 오가던 생각을 잠시 멈추며,
지금 이 순간의 나에게로 돌아오는 일.
《하루명상 - 읽는 명상 365일》은 그 작은 연습을
매일 한 장, 함께 실천해가는 책입니다.
하루 1페이지, 짧은 명상 메시지와 실천을 위한
awareness를 통해, 실생활 속에서 명상을
자연스럽게 익힐 수 있도록 안내합니다.
총 5단계로 구성된 이 책은 마음챙김의 기본부터
깊이 있는 성찰까지 하루하루의 삶 속에서
차근히 다가갈 수 있도록 설계되었습니다.
매일 5분, 하루 한 장.
그 작은 시작이 삶의 리듬을 바꾸고,
흩어졌던 마음에 다시 중심을 세울 수 있도록
도와줄 것입니다.

Stop, Smile, See.
멈추고, 미소 짓고, 바라보세요.
그리고 지금 이 순간, 온전한 나와 마주하세요.

하루명상 365 사용법

《하루명상 - 읽는 명상 365일》은 하루 한 페이지씩, 총 5단계에 걸쳐 나를 깊이 들여다보는 읽기 명상입니다. 각 페이지는 짧은 명상 에세이와 실천 팁 'awareness'로 구성되어 있습니다. 하루를 시작할 때, 혹은 하루 중 가장 고요한 순간에 하루명상과 함께 나를 만나는 시간을 가져보세요.

◆ **장소** : 가장 조용하고 편안한 곳에 앉으세요. 창가, 작은 책상, 포근한 소파 등 나만의 안전한 공간이면 충분합니다.
◆ **환경** : 좋아하는 향초, 따뜻한 조명, 마음을 안정시키는 소중한 물건을 곁에 두고 머물기 좋은 분위기를 만들어 주세요.
◆ **시간** : 하루를 시작하는 고요한 순간, 오늘의 나에게 집중하는 시간을 가져보세요.
◆ **준비물** : 《하루명상 - 읽는 명상 365일》과 따뜻한 차, 편안한 공간, 하루명상 앱

❶ 시작 리추얼을 실천해보세요.

　1분간 음악을 듣거나 호흡 명상을 하며 마음을 가라앉힙니다(하루명상 앱 추천 음악 참고).

❷ 눈을 감고, 나의 몸과 마음에 주의를 보내주세요.

　오늘의 나에게 가장 필요한 감각에 귀 기울입니다.

❸ 천천히 눈을 뜨고, 오늘의 명상 페이지를 펼쳐보세요.

　조용히 마음을 준비하고 페이지를 열어보세요.

❹ 명상 에세이를 한 줄 한 줄, 음미하세요.

　나에게 말을 건네듯, 천천히 그리고 다정하게 읽어봅니다.

❺ 'awareness'를 따라 작은 실천을 시도해보세요.

　지금 이 순간, 할 수 있는 작고 구체적인 실천 하나로 오늘을 살아봅니다.

❻ 내일도 다시 이 자리에 앉기로 나와 약속하세요.

　오늘의 명상을 마무리하며, 하루의 중심을 세웁니다. 매일의 루틴을 위해, 내일도 이 순간의 나를 만나러 옵니다.

365 DAYS OF MINDFUL READING

CONTENTS

서문 : 흩어진 마음을 모으는 시간

하루명상 365 사용법

STOP
Day 1~98 **멈추는 나**
멈추는 순간, 마음이 조용히 숨을 쉽니다.

SMILE
Day 99~154 **미소 짓는 나**
작은 미소 하나가 오늘을 부드럽게 엽니다.

SEE
Day 155~226 **바라보는 나**
내면을 바라볼 때, 진짜 나의 이야기가 시작됩니다.

GROW
Day 227~286 **성장하는 나**
조용한 하루 속에서도 마음은 자랍니다.

BE
Day 287~365 **온전한 나**
지금 있는 그대로 충분하다는 걸 기억하세요.

나의 하루명상 약속

STOP

Day 1~98
멈추는 나
멈추는 순간, 마음이 조용히 숨을 쉽니다.

DAY
001

하루의 호흡

아침에 눈을 뜬 순간부터
지금 이 순간까지,
우리는 몇 번이나 숨을 쉬었을까요?
그중 단 한 번이라도
온전히 느껴본 적이 있나요?
단 한 번의 들숨,
단 한 번의 날숨.
그 짧은 숨결 속에서
나와 함께 세상도 깨어납니다.

awareness

오늘 하루, 일상 속 순간마다(엘리베이터를 기다릴 때,
커피를 내릴 때 등) 딱 한 번의 호흡에 집중해보세요.

DAY
002

모닝커피

아침의 고요한 공기 속에서
따뜻한 커피 한 모금처럼
내 마음도 부드럽게 데워집니다.
하루를 살아내야 한다는 무거움보다
하루를 살아볼 수 있다는 가벼움으로
오늘을 시작해보세요.
아직 아무 일도 일어나지 않은 이 순간,
지금은 백지와도 같습니다.
그 위에 어떤 하루를 그릴지는
오롯이 내가 결정할 수 있습니다.
미리 걱정하지 말고,
지금의 숨결을 먼저 느껴보세요.

awareness
오늘 하루, 커피 한 모금 마시듯
'지금'이라는 순간을 천천히 음미해보세요.

DAY
003

한 모금의 향기

바쁜 날에도
차 한 잔의 여유는
삶을 부드럽게 풀어줍니다.
찻잔에 따뜻한 물을 따를 때,
그 순간 피어오르는 향기처럼
내 안의 의식도 조용히 깨어납니다.
입술에 닿는 온기,
코끝에 머무는 향,
한 모금, 한 숨결로
지금 이 순간에 머물러보세요.

awareness
오늘 하루, 차 한 잔에 나를 담아보세요.
그 향과 온기 속에 지금 이 순간이 깃들어 있습니다.

DAY
004

매일 오늘답게

이 세상 어디에도
똑같은 것은 하나도 없습니다.
작은 풀잎 하나도,
거리의 수많은 얼굴들도
모두 단 한 번뿐인 모습으로 피어납니다.
늘 같은 하늘처럼 보여도
오늘의 하늘은 어제와 다르고,
오늘의 공기도 어제와는 전혀 다릅니다.
자연은 어제의 기억으로
오늘을 살지 않습니다.
오늘은, 그저 오늘답게 살아갈 뿐입니다.

awareness
오늘 하루, 처음 살아보는 하루라는 마음으로
눈앞의 순간을 바라보세요.

DAY
005

단순한 장소

지금 여기,
내가 원하는 모든 것이
이미 있습니다.
이 순간으로 돌아오는 순간,
결핍은 사라지고
마음은 충만해집니다.
지금 여기,
단순한 마음 하나를 놓아둘 수 있다면
어떤 복잡한 생각도
나를 괴롭히지 못합니다.
가장 깊은 평화는
바로 이 단순한 장소,
지금 여기에 있습니다.

awareness

오늘 하루, 마음이 복잡해질 때마다 '지금 여기'라는
가장 단순한 장소로 돌아와보세요.

DAY
006

알아차림

알아차림은 삶의 시작입니다.
밥을 먹을 때도,
걸을 때도,
일을 할 때도,
심지어 사랑하는 사람에게
모진 말을 할 때조차
알아차린다는 것은 순간에 깨어 있는 것.
내 의도와 행위를
조용히 바라보는 것입니다.
흐름에 휩쓸리지 않을 때,
비로소 내 안에
여유가 피어나고 지혜가 자라납니다.

awareness

오늘 하루, 어떤 순간이든 나에게 물어보세요.
'나는 지금 무엇을 알고 있을까?'

DAY
007

언제 어디서든

언제 어디서든
마음챙김을 할 수 있어요.
커피를 마시다 문득,
들숨을 알아차리는 순간.
자기 전, 조용히
날숨을 느끼는 그 순간.
그것이 바로 호흡 명상입니다.
걷다가 발바닥이 땅에 닿는 감각을 느낀다면,
그 순간이 곧 걷기 명상입니다.
어렵게 생각하지 마세요.
특별한 자세도, 거창한 준비도 필요 없어요.
그저, 알아차리면 됩니다.

awareness
오늘 하루, 문득 떠오를 때마다 마음속으로 속삭여보세요.
'지금 이 순간이, 바로 명상이다.'

DAY
008

자주 알아차리기

기억날 때마다
지금 여기에서
숨을 한 번 크게 들이마셔 보세요.
내가 할 일은
그저 자주 기억해주는 것,
자주 알아차리는 것,
그뿐이에요.
나는 외롭지 않아요.
나는 불안하지 않아요.
내 곁에는 언제나
알아차림이 있으니까요.

awareness

오늘 하루, 숨 쉴 때마다 조용히 말해보세요.
'지금 여기, 나는 깨어 있어.'

DAY 009

미소의 마법

기쁠 때 우리는 미소를 짓습니다.
그런데 가끔은,
미소가 먼저 기쁨을 데려오기도 하지요.
입꼬리를 살짝 올려보세요.
그 작은 움직임 하나에
마음은 따스해지고,
세상은 조금 더 부드러워집니다.
행복한 일이 없더라도
먼저 미소를 건네보세요.
그 순간의 느낌에
조용히 주의를 기울여보세요.
그 따스했던 감각을
내 마음이 기억할 거예요.

awareness

오늘 하루, 거울 앞에서 자신에게 미소 지어보세요.
그 순간, 몸의 감각과 마음의 반응을 관찰해보세요.

DAY
010

가만히, 듣기

잠시, 내 안의 잡담을 멈추고,
세상의 소리에 조용히 귀 기울여보세요.
바람에 흔들리는 나뭇잎의 속삭임,
창문을 두드리는 빗방울의 인사,
누군가 지나가며 남긴 짧은 한마디.
가만히 들어보면,
언제나 나를 향한 세상의
따뜻한 의도가 느껴집니다.

awareness
오늘 하루, 세상이 나에게 건네는 말에
잠시 귀 기울여보세요.

DAY
011

쉬는 존재

우리는 대부분의 시간을
'쓸모'에 맞춰 살아갑니다.
하지만 쉴 때만큼은
온전히 쉬어야 합니다.
쉰다는 것은,
그저 존재하는 것.
존재하는 것만으로도
이미 충분한 것입니다.
쉼은, 존재의 본질입니다.
아무것도 하지 않을 때,
어떤 역할도 내려놓을 때,
비로소 나는 나로서 존재합니다.

awareness
오늘 하루, 아무것도 하지 않는 시간을
선물처럼 허락해보세요.

DAY
012

잘못 알아차리기

누구나 잘못할 수 있어요.
때로는 말 한마디로
때로는 무심한 행동으로
누군가에게 상처를 주고,
다른 존재를 힘들게 하기도 하죠.
중요한 건, 그 잘못을
알아차리는 마음입니다.
잘못을 잘못인 줄 알아차릴 수 있다면
같은 실수를 되풀이하지 않을 수 있어요.
그 작은 알아차림 하나가
조금씩, 나를
더 나은 사람으로 이끌어줍니다.

awareness

오늘 하루, 내가 잘못한 말이나 행동이 있다면 말해보세요.
'그땐 몰랐지만, 이제는 알아차릴 수 있어.'

DAY
013

모른다는 것을 알기

"알 수 없다" "모른다"
이 두 문장을 위한
마음의 공간을 남겨주세요.
실망스러운 일이 일어났을 때,
그 일이 끝인지, 또 다른 시작인지
우리는 알 수 없습니다.
우리는 자주 이렇게 판단합니다.
"좋다" "나쁘다"
"옳다" "틀리다"
하지만 가장 깊은 차원에서
우리는 아무것도 알지 못합니다.
모른다는 것을 인정하는 순간,
삶은 더 넓어집니다.

awareness
오늘 하루, 예상치 못한 일이 생겼을 때 마음속으로 말해보세요.
'이 일의 의미는 아직 알 수 없어.'

DAY
014

거울처럼 비추기

거울이 되어보세요.
그 무엇도 거부하지 않으면서
그 무엇도 붙잡지 말아보세요.
무슨 일이 일어나든
그저 고요히 받아들이되,
그 자리에 오래 머물지 마세요.
세상의 빛과 어둠을 맑게 비추는
투명한 거울처럼 마음도
그저 비춰보는 연습을 해보세요.

awareness

오늘 하루, 마음에 들어오는 모든 것을
그저 조용히 비춰보세요.

DAY
015

멈춤과 쉼

몸과 마음이
온전히 멈추는 순간,
비로소 삶의 감각이 돌아옵니다.
바쁘게 흘려보낸 일상,
놓쳐버렸던 감정,
무심히 지나쳤던 풍경들이
조용히 말을 걸어옵니다.
온전히 멈출 때, 비로소 쉼이
내 안에 들어설 수 있어요.
아무것도 하지 않고,
어디에도 가지 않는 시간.
그 고요한 자리에서
나는 다시 충전되고, 다시 살아납니다.

awareness
오늘 하루, 단 3분이라도
아무것도 하지 않고 그저 존재해보세요.

DAY 016

마음챙김의 꽃

욕심이 자라고, 화가 터지고,
마음이 무기력하거나 들뜰 때,
삶에 대한 회의가
불쑥 밀려올 때가 있어요.
그런 감정들은
누구에게나 올라옵니다.
그 마음들이 나를 괴롭히고,
주변까지 무겁게 할 수 있다는 걸
부드럽게 알아차려보세요.
억누르지도, 밀어내지도 말고,
그저 조용히 바라보세요.
그것을 알아차리는 순간,
마음챙김은 꽃처럼 피어납니다.

awareness

오늘 하루, 올라오는 마음을 억누르기보다
'아, 지금 이런 마음이 올라왔구나' 하고 알아차려보세요.

DAY
017

몸에 대한 마음챙김

마음이 복잡하고, 생각이나 감정을
알아차리기 어려울 때는
몸으로 돌아오세요.
몸은 언제나
이 순간을 살고 있어요.
늘 다양한 감각과 느낌으로
조용히 말을 걸어오고 있습니다.
그 감각을 억누르거나 해석하지 말고,
그저 있는 그대로 느껴보세요.
그 순간, 나는 다시
'지금 여기'에 머무르게 됩니다.

awareness

오늘 하루, 두 발이 바닥을 딛는 느낌에 주의를 기울여보세요.
그 감각이 나를 지금, 이 자리에 단단히 붙들어 줄 거예요.

DAY
018

모른다는 자각

'나는 모른다'고 자각할 때,
비로소 더 깊이 알아갈 수 있어요.
'안다'는 마음은 분별하는 마음이고,
새로운 가능성을 닫아버리는 태도입니다.
반대로 '모른다'는 마음은
판단하지 않고,
세상을 새롭게 바라보는 열린 시선입니다.
내가 모른다는 마음으로 바라볼 때,
나의 세상은
조용히, 새롭게 열립니다.

awareness

오늘 하루, 익숙한 사물 앞에서 이렇게 말해보세요.
'나는 아직 이 세계를 다 알지 못해요.'

DAY
019

버림과 채움

버린다고
잃는 것이 아니에요.
정작 잃는 건,
버리지 못할 때예요.
버려야 할 것을 버릴수록
공간이 생기고,
여유도 생겨요.
버려야 새로운 것이 찾아옵니다.
물건도 그렇고,
관계도 그렇고,
마음도 그래요.

awareness
오늘 하루, 놓아야 하는데 놓지 못한 것을
세 가지 이상 떠올려보세요.

일단 놓아보기

시골길에서
뱀과 마주쳤다면
생각하고 고민한 뒤 도망가나요?
아니요, 그냥 도망칩니다.
뜨거운 냄비를 잘못 만졌을 때,
손을 어떻게 할지 고민하나요?
"아, 뜨거워!" 하고 떼고 맙니다.
괴로움도 똑같습니다.
일단, 놓아보세요.
알면, 저절로 놓아집니다.

awareness
오늘 하루, 괴로움이 올라올 때 이렇게 말해보세요.
'지금은 그냥 놓아도 괜찮아.'

DAY
021

잘 흘려보내기

내가 괴로운 건,
지나간 일에 대한 생각이란 찌꺼기를
계속 마음에 쌓아두기 때문이에요.
한번 냉정하게 생각해볼까요?
모든 것은 생겨났다가 결국 사라집니다.
모든 것이 변화하는 세상에서
무언가를 움켜쥐고 있다면
괴로운 건 결국, 나예요.
이제는 놓아주세요.
흐르는 강물처럼,
과거를 조용히 흘려보내주세요.
그 순간, 내가 편해져요.
그리고, 내가 살아나요.

awareness
오늘 하루, 오래 붙잡고 있던 생각 하나를 떠나보내세요.
'이제 흘려보내도 괜찮아.'

DAY
022

과거의 힘

과거는
힘이 하나도 없어요.
이미 과거이기 때문이죠.
과거가 지금의 나를 흔든다면,
그건 과거 때문이 아니라
내가 그 과거에
힘을 주었기 때문이에요.
사실, 과거는 지금 이 순간에
그 어떤 영향도 줄 수 없어요.
내가 허락하지 않는다면 말이죠.

awareness

오늘 하루, 문득 과거가 떠오를 때 이렇게 말해보세요.
'나는 과거의 힘을 허락하지 않을 거야!'

DAY
023

지혜의 틈

우리는 습관처럼
생각과 자신을 동일시합니다.
생각이 곧 '나'라고 믿으며
그 믿음으로 세상을 바라보죠.
그러다 보면 마음은 점점 좁아지고,
세상을 있는 그대로 볼 수 없게 됩니다.
사랑하고 싶지만 사랑할 수 없고,
자유롭고 싶지만 자유롭지 못하죠.
그런데 어느 순간,
생각과 현실 사이의 어긋남을
알아차리는 '틈'을 발견합니다.
그 틈으로 바람이 지나가고,
빛이 스며들며, 새로운 길이 열립니다.

awareness

오늘 하루, 생각이 올라올 때마다 조용히 질문해보세요.
'이 생각이 정말 '나'일까?'

DAY 024

영원한 현재

음악은 오직 현재를 살아갑니다.
우리가 음악을 들을 때,
과거를 듣는 것도,
미래를 듣는 것도 아닙니다.
그 순간,
우리는 확장된 현재를 듣습니다.
선율에 고개를 끄덕이듯,
일상의 흐름에 몸을 실어보세요.
지금 여기,
영원한 현재를 살아보세요.

awareness

오늘 하루, 소리 하나, 움직임 하나를
마치 음악처럼 느껴보세요.

DAY
025

지금이라는 풍요

내가 누릴 수 있는 풍요는
오직 지금, 이 순간에 있습니다.
내가 눕고 쉴 수 있는 자리는
집의 크기와 상관없이
단 한 뼘이면 충분합니다.
물질이 아무리 많아도
내가 누릴 수 있는 것은
언제나 지금, 여기에 머뭅니다.
진정한 풍요는
통장 속 숫자가 아니라,
이 순간에 내가 얼마나 깨어 있는가,
그것에 달려 있습니다.

awareness
오늘 하루, 지금 이 순간이 이미 충분하다는 감각을
조용히 음미해보세요.

DAY
026

소리에 머무르기

나뭇잎이 스치는 소리,
창문을 두드리는 빗소리,
멀리서 들려오는 개 짖는 소리,
그릇이 부딪히는 달그락 소리,
골목을 뛰어가는 아이들의 웃음소리.
어디에 있든,
무엇을 하든,
좋고 나쁨을 가르지 말고,
지금 이 소리에
그저 가만히 머물러 보세요.

awareness

오늘 하루, 지금 이 순간 주변에서 들리는 소리에
주의를 집중해보세요.

DAY
027

마음챙김의 뿌리

삶이 나무라면,
마음챙김은 그 뿌리입니다.
사회적 지위를 좇고,
돈을 벌고, 관계를 맺고,
웃고 울고, 일하고, 여행하고,
싸웠다가 화해하고,
고민했다가 안심하는
그 모든 순간은 가지일 뿐입니다.
뿌리가 단단하다면,
가지가 어디로 뻗든
삶은 쉽게 흔들리지 않습니다.

awareness
오늘 하루, 내가 뻗어나가는 모든 일들 아래,
조용히 숨 쉬고 있는 내 안의 뿌리를 느껴보세요.

DAY
028

마음 거울

거울은 모든 것을 비춥니다.
기쁜 얼굴, 슬픈 얼굴,
화난 표정, 평온한 눈빛.
밤이면 밤을, 낮이면 낮을
그저 고요히 담아냅니다.
거울은 판단하지 않고,
붙잡지도 않습니다.
그저 있는 그대로 비출 뿐입니다.
내 마음을 거울이라 상상해보세요.
좋고 나쁨 없이,
맞고 틀림 없이
그저 비춰보는 마음.
늘 변함없는 거울처럼,
오늘을 고요히 비춰보세요.

awareness

오늘 하루, 어떤 상황이든 판단하지 않고
그냥 비추기 연습을 해보세요.

DAY
029

중력 느끼기

중력을 느껴보세요.
누워서도, 앉아서도, 서서도 좋습니다.
지구가 나를
부드럽게 끌어당기는 힘.
중력은 언제나
조용히 작용하고 있습니다.
잠시 멈추고,
그 힘을 가만히 느껴보세요.
몸이 땅과 만나는 감각에
그저 나를 맡기는 순간,
긴장된 몸과 마음이
스르르 풀릴 거예요.

awareness
오늘 하루, 몸이 지구에 닿아 있다는 감각에
잠시 나를 맡겨보세요.

DAY 030

구름처럼 변화하기

구름을 보세요.
오랫동안 같은 모양으로 머무르지 않습니다.
서서히, 그러나 끊임없이 변해갑니다.
고정불변한 것은 없습니다.
변하는 것이
오히려 자연스러운 일입니다.
혹시, 변하지 않기를 바라는 무언가가 있나요?
그렇다면, 구름을 보듯
가벼운 마음으로 바라보세요.
멈추지 않는 흐름 속에서
지금 이 순간의 변화를
온전히 누려보세요.

awareness
오늘 하루, 내가 꼭 붙잡고 있던 하나를
구름처럼 가볍게 바라보세요.

DAY
031

진짜 모습

커피잔이 있습니다.
물병보다는 작고,
소주잔보다는 큽니다.
그렇다면, 커피잔은 작은 걸까요, 큰 걸까요?
작기도 하고, 크기도 하고,
작지 않기도 하고, 크지 않기도 합니다.
커피잔 옆에
비교 대상이 사라지는 순간,
비로소 커피잔의
진짜 모습이 드러납니다.

awareness
오늘 하루, 판단하거나 비교하려는 마음이 들 때, 속삭여보세요.
'그저, 있는 그대로 바라보자.'

DAY
032

열리지 않는 문

오랫동안 열지 않은 문은
어느새 마음속에서
벽처럼 굳어버립니다.
하지만 문은 여전히,
그저 손잡이를 살짝 돌리기만 해도
열릴 수 있습니다.
닫혀 있었다고 열리지 않는 건 아닙니다.
우리의 마음도 그렇습니다.
스스로 만든 감옥이자,
벽이라 착각한 문일지도 모릅니다.
마음을 활짝 열기로 결심하는 순간,
그때부터 새로운 세상이 열립니다.

awareness

오늘 하루, 마음속 닫힌 문 하나를 떠올려보세요.
그리고 그 문을 활짝 열어보세요.

DAY
033

닫힌 마음

작은 것에 인색해지는
나를 조용히 들여다보세요.
인색함은 마음의 문을 서서히 닫습니다.
살기 위해 움켜쥐지만,
그 움켜쥠이 오히려
나를 세상과 멀어지게 합니다.
닫힌 마음을 여는 길은
인색함을 내려놓고,
기꺼이 베풀 줄 아는 것.
베푼다는 건
먼저 마음을 여는 일이고,
그 열린 마음이
나를 다시 살아가게 합니다.

awareness
오늘 하루, 만나는 사람들에게
작은 친절 하나라도 기꺼이 나눠보세요.

DAY
034

감각에 귀 기울이기

감정과 상황에 따라 변하는
내 몸의 감각을 조용히 지켜보세요.
불안할 때와 편안할 때,
가슴과 배에서 느껴지는 감각이
어떻게 다른지 살펴보세요.
감각에 집중하기 어려울 땐
소리나 호흡에 주의를 돌렸다가,
다시 감각으로 돌아오세요.
감각, 감정, 생각.
그 강물들을 조용히 바라볼 때,
그것들에 휩쓸리지 않고
그 흐름에서 조금씩
자유로워질 수 있어요.

awareness
오늘 하루, 내 몸의 감각이 어떤 이야기를 들려주는지
잠시 귀 기울여보세요.

DAY
035

마음챙김 연습

병을 낫게 하려면,
먼저 아프다는 사실을 알아차려야 합니다.
그다음, 어디가 어떻게 아픈지 살펴보고
그에 맞는 처방이 이어지지요.
마음챙김도 같습니다.
먼저, 내 마음 어딘가에
해결되지 않은 괴로움이 있음을
자각하는 것, 그게 시작입니다.
그 감정을 조용히 바라보며,
어디에서 오는지 살펴보세요.
억지로 없애려 하지 말고,
그 흐름을 인정하고 받아들일 때,
마음은 조금씩 편안해집니다.

awareness
오늘 하루, 마음 어딘가에 머무는 불편한 감정을
조용히 바라보세요.

DAY
036

놓아버리기

놓아버림은
마음챙김에서 중요합니다.
하지만 '놓아야 한다'고 할수록,
오히려 더 단단히 쥐게 됩니다.
사실 놓아버림은
'Let it go'가 아니라,
'Let it be'에 가깝습니다.
어디로 흘려보내려 애쓰는 것이 아니라,
그저 있는 그대로 두는 것입니다.
욱하는 마음, 걱정, 불안이 올라와도
놓으려고 애쓰지 마세요.
그저 바라보기만 해도
마음은 스스로 가라앉습니다.

awareness
오늘 하루, 불편한 감정을 애써 놓지 말고
그저 조용히 바라보세요.

DAY
037

시선의 움직임

시선과 생각은 연결되어 있습니다.
시선이 머무는 곳에 생각이 흐르고,
생각이 바뀌면 시선도 따라 움직입니다.
소리에 집중할 때는 시선이 왼쪽 아래로,
과거를 떠올릴 때는
왼쪽 위로 향하는 경향이 있습니다.
일에 깊이 빠졌을 때,
머릿속이 복잡할 때,
잠시 하늘을 바라보세요.
그저 시선을 올리는 것만으로도
정신이 확장되는 감각을
느낄 수 있습니다.

awareness
오늘 하루, 시선이 머무는 방향을
가만히 따라가 보세요.

DAY
038

내보내기

우리는 내게 들어오는 것에만 관심을 둡니다.
누가 나에게 무엇을 줄 수 있는지,
어떤 혜택을 얻을 수 있는지,
무슨 맛있는 음식을 먹을지를 생각하죠.
하지만 오늘은, 내가 세상에
무엇을 내보내고 있는지 들여다보세요.
주변 사람에게 건네는 말,
친구에게 보내는 눈빛과 몸짓,
오늘 하루 내가 해낸 일,
그리고 폐에서 나가는 한 줄기 날숨까지.
내게 들어오는 것,
내가 내보내는 것.
그 하나의 흐름을 가만히 지켜보세요.

awareness
오늘 하루, 내가 무엇을 내보내고 있는지를
조용히 떠올려보세요.

DAY
039

나의 움직임

아침에 걸을 때,
'나'의 움직임을 알아차려 보세요.
호흡이 들어오고 나갈 때,
횡격막이 오르내리는 감각.
거리를 걸을 때, 뒤꿈치부터 발 전체가
지면에 닿는 느낌.
시선이 움직일 때, 그에 따라 변화하는
생각과 감정의 결.
움직임 하나하나를 차분히 바라보다 보면,
나를 감싸고 있는 근원적인 생명과
조용히 마주하게 됩니다.

awareness
오늘 하루, 나의 작은 움직임 하나하나를
놓치지 않고 알아차려보세요.

DAY
040

입으로 하는 일

입으로 들어가는 것은 음식,
입에서 나오는 것은 말입니다.
음식은 내 몸이 되고,
말은 관계를 만듭니다.
사람은 태어날 때부터
입으로 많은 일을 합니다.
물고, 빨고, 삼키고,
묻고, 답하고,
속이고, 위로합니다.
입은, 몸을 살리고
마음을 건넵니다.

awareness
오늘 하루, 순간마다 내 입으로 들어가고
나오는 것들을 조용히 바라보세요.

DAY
041

즉흥적 일상

일상에 조금의 즉흥성을 더해보세요.
안 해보던 요리를 해보거나,
친구를 낯선 장소에서 만나보는 것.
평소 하지 않던 감사의 말을
가족에게 건네보는 것도 좋아요.
즉흥적인 행위는
습관의 껍질을 깨뜨리고,
익숙한 하루를
기억에 남는 장면으로 바꿔줍니다.
의도적으로, 그냥 한 번 해보세요.
뜻밖의 즐거움이
나를 기다리고 있을지도 몰라요.

awareness
오늘 하루, 평소에는 하지 않았던
즉흥적인 선택을 하나라도 실천해보세요.

DAY
042

중심이 잡힌 사람

혼자 있어도 외롭지 않고,
함께 있을 때는
모두와 어울릴 수 있는 사람.
외부 조건에 흔들리지 않고,
자기 안에 중심을 세운 사람.
생각에 휘둘리지 않고,
맑게 마음을 쓰는 사람.
조금도 인색하지 않고,
기꺼이 나눌 수 있는 사람.
바로 그런 사람이
중심이 잡힌 사람입니다.

awareness
오늘 하루, 나의 중심을 지키며
차분하고 단단한 마음으로 지내보세요.

DAY
043

과거의 짐

지금의 삶이 힘든 이유는
아직도 과거를 짊어지고 있기 때문입니다.
과거는 진실이 아니라, 기억일 뿐입니다.
그리고 그 기억조차,
내가 만들어낸 이야기입니다.
그 무거운 기억에 짓눌린 채로는
지금 이 순간을 함께 걷기 어렵습니다.
과거가 자랑스럽든,
혹은 후회스럽든,
이제는 조용히 놓아주세요.
가볍게, 지금 이 삶을 살아보세요.

awareness
오늘 하루, 과거의 짐이 있다면
'이제 내려놓아도 괜찮아'라고 자신에게 말해보세요.

DAY
044

그뿐이에요

비가 온다고
비를 원망하진 않아요.
우산을 쓰면, 그뿐입니다.
바람이 분다고
바람을 탓하진 않아요.
옷깃을 여미면, 그뿐입니다.
불편한 일이 닥쳤다고
굳이 불행해질 필요는 없어요.
그에 맞게 대응하면, 그뿐입니다.
삶의 수많은 순간은 날씨와 같아요.
비가 온다고 우울해질 이유는 없고,
바람이 분다고 화 낼 이유도 없어요.
그 순간에 맞게
조용히 대응하면, 그뿐입니다.

awareness
오늘 하루, 불편한 상황이 닥치면
'이건 그저 날씨 같은 거야' 하며 가볍게 반응해보세요.

DAY
045

가만히 있기

화를 내면 안 되고,
욕심도 내면 안 되고,
집착도 하지 말아야 할 것 같은데,
그게 참 어렵습니다.
화도, 욕심도, 집착도
자연스럽고 현실적인 감정입니다.
중요한 건,
그 감정에 휘둘리지 않는 것입니다.
감정을 막을 수는 없어도,
그 감정이 내 말과 행동을 결정하도록
내버려두지 않을 수는 있어요.
끌려가지 않으려면 어떻게 해야 할까요?
그저, 가만히 있는 것입니다.
그 감정 속에 조용히 머물러 있는 것입니다.

awareness

오늘 하루, 감정이 밀려올 때마다 이렇게 속삭여보세요.
'지금은 가만히 머물러 있을 거야.'

DAY
046

오묘한 숨

숨을 가만히 들여다보면,
참 오묘합니다.
한 번도 틀린 적 없이
딱 필요한 만큼 내게 왔다가,
조용히 사라집니다.
삶도 그렇지 않을까요?
지금 내 앞에 놓인
단 한 사람,
내 가족, 친구, 동료,
그리고 지금의 상황까지도
모두 지금의 나에게
딱 필요한 만큼
와 있는 건 아닐까요?

awareness
오늘 하루, 지금 내 앞에 놓인 사람과 순간들을
따뜻하게 바라보세요.

DAY
047

기다림의 순간

음식을 기다릴 때,
버스나 지하철을 기다릴 때,
횡단보도 앞에서 파란불을 기다릴 때,
이 짧고 반복되는 기다림의 순간들은
지루함이 아니라
마음챙김의 기회입니다.
그 순간에도 고요하고 또렷하게,
'현재'라는 친구는 늘 내 곁에 있습니다.
지루한 기다림도
알아차림으로 바꿔본다면,
삶은 훨씬 더 선명해질 거예요.

awareness
오늘 하루, 기다리는 순간이 찾아오면
숨 한 번 고르고 주변을 살펴보세요.

DAY
048

최고의 명상

지금 이 순간,
일어나는 모든 것을
있는 그대로 허용해주는 것,
그것이 곧 명상입니다.
알면 아는 대로,
모르면 모르는 대로
판단하지 않고
그 순간을 그저 경험하면 됩니다.
삶을 있는 그대로 살아내는 것.
그 어떤 분별도 하지 않을 때, 그것이야말로
최고의 명상입니다.

awareness
오늘 하루, 좋고 나쁨을 판단하게 될 때,
잠시 멈추고, '지금 이대로도 괜찮아'라고 말해보세요.

DAY
049

그냥 있기

그냥 있어 보세요.
좋은 느낌도,
싫은 느낌도 따르지 말고
그저 그 자리에
가만히 머물러 보세요.
느낌을 해석하지 말고,
생각에 의미를 달지 말고,
분별하지 않고 그저 있어 보세요.
생각 이전의 상태,
행복도 불행도 일어나기 전의 고요함.
시간도 멈추고, 말도 멈추는 그곳,
가장 맑고, 가장 깊은 존재의 자리.
사실은 언제나 내 앞에 있습니다.

awareness
오늘 하루, 뭔가 하려는 마음이 올라올 때
그냥 조용히 머물러보세요.

DAY
050

의식으로 초대하기

내 의식에 들어오지 않은 것은
없는 것과 같습니다.
길가에 꽃 한 송이도 보지 못했다면
내 세상엔 아직 피지 않은 꽃입니다.
작고, 사소하고,
눈에 띄지 않는 것들.
그 모든 것을 하루에 한 번,
나의 의식으로 초대해보세요.
내 얼굴을 스치는 바람 한 줄기,
처음 보는 구름의 모양,
다른 삶을 걷고 있는 누군가의 표정,
모든 순간을 살아내는 나의 마음까지
의식의 문을 살며시 열어줄 때,
일상은 내 안에서 피어납니다.

awareness

오늘 하루, 평소에 그냥 지나쳤던 것 하나를
나의 의식 안으로 조용히 초대해보세요.

DAY
051

멈추고, 지켜보세요

미래가 두렵고,
과거가 아프게 다가올 때
멈추고, 지켜보세요.
감각도, 느낌도, 감정도, 생각도
모두 잠시 머물렀다가
조용히 사라집니다.
두려움도, 회한도,
성냄과 짜증도, 미움조차도
다 생겨났다가 사라집니다.
내가 할 일은 오직 지켜보는 일.
사라진다는 걸 알면
사로잡힐 이유가 없습니다.

awareness
오늘 하루, 어떤 불편한 감정이 올라올 때
그저 지켜보는 연습을 해보세요.

DAY
052

들숨에 감사, 날숨에 사랑

일상의 모든 순간에
감사와 사랑의 숨결을
살며시 불어넣어 보세요.
잠에서 깨어날 때,
양치할 때, 옷 단추를 채울 때,
집을 나설 때, 차 안이나 지하철 안에서,
신호등 앞에 멈춰 섰을 때,
일하다가 문득 고개를 들었을 때
그 순간마다,
들숨에는 "감사합니다"
날숨에는 "사랑합니다"
작은 숨결마다
감사와 사랑이 스며들면,
일상은 어느새 편안하고 따뜻해집니다.

awareness
오늘 하루, 마주치는 모든 순간에 조용히 속삭여보세요.
'감사합니다, 사랑합니다.'

DAY
053

호흡의 가르침

호흡은 내 것이기도 하고,
내 것이 아니기도 합니다.
내 의지로 조절할 수도 있고,
의지와 무관하게 저절로 일어나기도 합니다.
그 호흡을 가만히 관찰해보세요.
'나'라는 존재가
끊임없이 흐른다는 것을 깨닫게 됩니다.
내가 독립된 개체가 아니라
서로 연결된 흐름이라는 걸 알게 되면,
삶은 한결 가벼워집니다.
호흡을 챙기는 순간,
순간의 경험이 달라지고,
순간의 경험이 달라지면,
삶 전체가 달라집니다.

awareness
오늘 하루, 들숨과 날숨을 느낄 때마다 조용히 속삭여보세요.
'나는 연결된 하나의 흐름이다.'

DAY
054

좋은 경험

내가 주의를 기울인 것만이
진짜 나의 경험이 됩니다.
마음챙김은 내 주의가 머무는 자리를
스스로 선택하는 연습입니다.
어디에, 어떻게
주의를 보낼지 다룰 수 있다면,
경험의 질이 달라집니다.
좋은 경험이 차곡차곡 쌓이면,
삶은 저절로
더 나은 방향으로 흘러갑니다.
좋은 삶은
결국, 좋은 경험의 결과입니다.

awareness

오늘 하루, 지금 내가 집중하고 있는 것에 질문해보세요.
'이 경험이 내 삶에 좋은 씨앗이 될까?'

DAY
055

과거의 재구성

우리는 시간이
과거에서 현재로 흐른다고 믿습니다.
하지만 시간은 현재에서 과거로도 흐릅니다.
지금 내가 행복하다면,
과거의 고난조차 지금의 나를 만든
소중한 재료로 변합니다.
반대로 지금 고통 속에 있다면,
과거는 여전히
나를 가로막는 벽처럼 느껴집니다.
과거는 이미 지나갔지만,
그 의미는 고정되어 있지 않습니다.
지금, 내가 어떻게 살아가느냐에 따라
과거의 장면들도 다시 쓰입니다.
과거를 바꾸고 싶다면
지금 이 순간을 바꾸는 것으로 충분합니다.

awareness
오늘 하루, 마음속에 이런 질문을 띄워보세요.
'나는 지금, 어떤 과거를 새롭게 쓰고 있는 걸까?'

DAY
056

틈틈이, 지금 여기

지금 여기에 존재하는 나를
틈틈이 초대해보세요.
어떤 특별한 경험도,
복잡한 지식도 필요하지 않습니다.
그저, 지금 여기
살아 숨 쉬고 있음을 조용히 지켜보세요.
행복은 순간적인 기분도,
변화무쌍한 감정의 흐름도 아닙니다.
변화하는 날씨, 구름, 바람까지
그대로 다 품어주는
하늘과 같은 것.
그것이, 일상의 행복입니다.

awareness

오늘 하루, 스마트폰을 확인하기 전, 잠시 눈을 감고 말해보세요.
'나는 지금, 여기에 있다.'

DAY
057

앉아서 명상

앉아서 명상하는 것은
몸으로 운동하는 것과 같습니다.
몸에 근력이 생기면
더 건강하고 힘차게 살 수 있듯이,
마음에도 근육이 생기면
삶을 더 선명하게 바라볼 수 있습니다.
중요한 건,
얼마나 오래 앉아 있었는지가 아니라
그 시간이 나의 하루를
어떻게 바꾸는가입니다.

awareness
오늘 하루, 단 5분이라도 앉아서
호흡과 함께하는 시간을 가져보세요.

DAY
058

이 순간을 위해

이 순간을
다른 순간을 위한 희생으로
넘겨버리지 마세요.
이 순간은
지나가면 다시 오지 않습니다.
우리가 기다리는 그 특별한 날도,
결국은 하나의 순간일 뿐입니다.
지나가버릴 한 순간을 위해
지금을 저당 잡히지 마세요.
지금은 단 한 번 피었다 지는,
살아 있는 꽃입니다.

awareness

오늘 하루, 지금 이 순간을 다시 오지 않을 선물처럼
두 손으로 조용히 감싸 안아보세요.

DAY
059

몸과 마음의 불일치

지금 여기에 있는 '나'와
어디론가 가고 싶어 하는 '나'.
그 사이의 틈에서 스트레스가 자랍니다.
몸은 분명 이 자리에 앉아 있는데,
마음은 이미 저 멀리 달려가 있죠.
지금 이 순간이 부족하다고 느끼고,
지금 여기가 아닌 어딘가에
더 나은 뭔가가 있다고 믿을 때,
마음은 현실을 거부하고,
스트레스는 조용히 자라납니다.
지금 이 순간에
온전히 깨어 있겠다는
의도적인 노력이 필요합니다.

awareness
오늘 하루, 어디론가 가려는 마음을 잠시 멈추고
'지금 이 순간이 이미 충분하다'는 속삭임을 마음에 심어보세요.

DAY
060

쉼표 찍기

오늘, 딱 세 번만
하늘을 올려다봐 주세요.
구름이
어떤 모양으로 떠 있는지,
하늘의 빛은
어떤 빛깔을 띠고 있는지,
하늘의 소리는
어떻게 들리는지.
오늘, 딱 세 번만,
하늘에 쉼표를 찍어 주세요.

awareness
오늘 하루, 하늘을 세 번 올려다보며 잠시 쉬어보세요.
쉬는 만큼 마음의 공간은 넓어집니다.

DAY
061

호흡의 맛

지금 이 순간, 들이쉬는 이 숨이
내 생의 첫 번째 숨이라고 상상해보세요.
세상에 나와 처음 공기를 마시는 아기처럼,
가슴 가득 부드럽게 들이쉬어 봅니다.
그리고 다시, 내쉬는 이 숨이
내 생의 마지막 숨이라고 상상해보세요.
느껴지는 날숨마다 모든 것과
조용히 작별의 인사를 나눠보세요.
최초의 들숨,
최후의 날숨.
이 두 호흡 사이에 내가 있습니다.

awareness
오늘 하루, 단 한 번의 들숨과 날숨이라 생각하며
숨을 천천히, 그리고 깊게 맛보세요.

DAY
062

지금을 바꾸기

지나가버린 과거는
이미 지나갔기에 바꿀 수 없습니다.
아직 오지 않은 미래는
오지 않았기에 바꿀 수 없습니다.
내가 바꿀 수 있는 건
오직 '지금, 이 순간'뿐입니다.
지금을 바꾸면
미래는 자연히 바뀌고,
과거도 다르게 기억됩니다.

awareness
오늘 하루, 바꿀 수 없는 것을 놓아주고,
지금 이 순간을 조용히 돌봐주세요.

DAY
063

실제상황

과거는
지나간 기억.
미래는
오지 않은 상상.
지금, 여기
오직 이 순간만이
나의 실제입니다.
실제상황에 머무르세요.
이곳에만
내 삶이 있습니다.

awareness

오늘 하루, 생각이 과거나 미래로 흐를 때마다 속삭여보세요.
'지금이 실제상황이야. 여기에 머무르자.'

DAY
064

변화하는 마음

좋았다가도 금세 싫어지고,
싫었다가도 또다시 좋아지는 게
우리의 마음입니다.
그러니 애써 붙잡거나
밀어내려 하지 마세요.
지금 어떤 마음이 있는지
조용히 알아차리면 됩니다.
알아차린다는 건,
그 감정에 끌려가는 것도,
억지로 밀어내는 것도 아닙니다.
그저, 마음의 변화를
조용히 관찰하는 것입니다.
그 알아차림 안에서
여유가 생기고, 공간이 생깁니다.

awareness

오늘 하루, 마음이 이리저리 움직일 때마다
그 흐름을 가만히 지켜보세요.

DAY
065

있는 그대로

파도가 일어납니다.
바다는 그대로입니다.
파도가 부서집니다.
바다는 그대로입니다.
생각이 일어납니다.
알아차림은 그대로입니다.
생각이 사라집니다.
알아차림은 그대로입니다.
감정이 일어납니다.
알아차림은 그대로입니다.
감정이 변해갑니다.
알아차림은 그대로입니다.
모든 것이 일어나고
모든 것이 사라져도
나는, 여전히 그대로입니다.

awareness
오늘 하루, 감정이 일어날 때마다 마음속으로 말해보세요.
'지금 이대로 있어도 괜찮아.'

DAY
066

알아차리는 나

알아차림은 어렵지 않습니다.
그 시작은 아주 단순하죠.
'지금 나는 어떤 생각을 하고 있지?'
'지금 내 감정은 어떤 빛깔이지?'
조용히 묻는 순간,
이미 알아차림은 일어나고 있습니다.
'나'를 지켜보는 또 다른 '나'.
그 관찰하는 나는
감정에도 휘둘리지 않고,
생각에도 휩싸이지 않고,
나에게도 갇히지 않습니다.

awareness

오늘 하루, 마음이 분주할 때, 작게 속삭여보세요.
'지금 이 순간, 나는 나를 지켜보고 있어.'

DAY
067

몸에 귀 기울이기

생각에 깊이 빠져
마음을 알아차리기 어려울 때는,
몸으로 돌아가 보세요.
숨이 들어오고 나가는 흐름,
폐의 팽창과 수축,
부풀고 가라앉는 복부의 움직임,
장기와 피부에 전해지는 미세한 감각들까지
하나하나 천천히 느껴보세요.
몸의 감각에 주의를 기울이는 순간,
의식은 넓어지고, 정신이 환기됩니다.
몸은 언제나
이 순간에 머물기 때문입니다.

awareness
오늘 하루, 생각이 복잡해질 때마다
조용히 몸의 감각 하나에 마음을 모아보세요.

DAY
068

성질 알아차리기

도구를 잘 쓰기 위해선
그 성능과 쓰임새를 잘 알아야 합니다.
삶도, 잘 살아내기 위해선
내 성질을 먼저 잘 알아야 합니다.
고집이 센 사람이라면
나를 잘 받아주는
유연한 사람과 어울릴 수도 있고,
내 고집을 조금씩 내려놓아
더 유한 사람으로 살아갈 수도 있습니다.
어떤 선택이든 괜찮습니다.
다만, 내 성질부터 잘 알아야 합니다.

awareness
오늘 하루, 내가 자주 반복하는 반응이나 습관 하나를
조용히 들여다보세요.

DAY
069

온전한 쉼

멈춘다는 것은
쉬는 것입니다.
하지만, 몸은 멈췄지만
마음이 여전히 걱정하고 있다면
그건 아직 '멈춤'이 아닙니다.
해야 할 일,
만나야 할 사람,
머릿속을 가득 채운 생각들을
그냥, 잠시 내려놓아 보세요.
지금 이 자리에
조용히 머물 수 있을 때,
비로소 온전한 쉼이 시작됩니다.

awareness
오늘 하루, 내 몸과 마음이 함께 멈출 수 있는 순간을
조용히 알아차려보세요.

DAY
070

거대한 눈

혈관을 확대해 들여다보면,
세포와 세균이 끊임없이 싸우는
치열한 전장이 보입니다.
하지만 멀리서 바라보면,
그 모든 움직임은 '건강'이라는
조화로운 하나의 현상입니다.
같은 현실도 어떤 눈으로 보느냐에 따라
완전히 다르게 느껴집니다.
내 삶이 치열하게 느껴질 땐,
시야의 줌을 조금씩 풀어보세요.
멀리서 바라본다면, 그 치열함조차
평온의 일부일지 모릅니다.

awareness
오늘 하루, 지친 순간이 찾아온다면
조금 멀리서 내 삶을 바라보세요.

DAY
071

손바닥 명상

바쁜 일상에서 잠시 멈추고,
손바닥을 들여다보세요.
손금은 어떤 모양인가요?
피부의 질감은 어떤가요?
손끝에서 느껴지는 온기는
지금 어떤가요?
지금까지 이 손이 만들어낸 모든 것들,
그리고 앞으로 만들어낼 모든 것들.
그 안에 담긴 삶의 이야기를
조용히 읽어보세요.

awareness
오늘 하루, 아무 이유 없이
내 손을 가만히 바라보는 시간을 가져보세요.

DAY
072

주의의 빛

주의는 강력한 빛입니다.
그 빛이 머무는 곳마다
세상은 선명해지고, 다시 살아납니다.
하지만 우리는 종종
그 빛을 아무 데나 흩뿌리며,
소중한 에너지를 잃습니다.
끊임없이 울리는 알림,
멈추지 않는 생각,
자동으로 향하는 습관들 속에서
빛은 흩어지고, 마음은 흐려집니다.
마음챙김은 이 빛을 다시 모아
원하는 곳에 집중하는 기술입니다.

awareness
오늘 하루, 내 주의가 어디에 머무는지
세심히 관찰해보세요.

DAY 073

경이로운 몸

몸은,
그 자체로 경이로움입니다.
눈은
세상의 아름다움을 담아내는 작은 보석.
귀는
모든 소리를 듣는 섬세한 악기.
뇌는
무한한 가능성을 품은 정교한 네트워크.
우리의 몸은
우주가 스스로를 느끼기 위해 태어난
경이로움입니다.

awareness
오늘 하루, 내 몸을 태어나 처음 보는 것처럼
바라보고 느껴보세요.

DAY
074

알아차림의 씨앗

알아차림은 작은 씨앗과 같습니다.
이 조용한 씨앗 하나를
마음속에 심어보세요.
그러면 온전함이라는
거대한 나무가 자라납니다.
그 나무는 뿌리가 깊고,
줄기가 단단하며,
다른 이들에게는 그늘이 되고,
의지가 되는 터전이 됩니다.
이 모든 시작은, 단 하나의
작은 알아차림에서 비롯됩니다.

awareness

오늘 하루, 차를 마실 때의 온기, 누군가를 바라볼 때
눈빛의 움직임 등 단 하나의 감각에만 집중해보세요.

DAY 075

호흡의 회전문

'나'는 회전문과 같습니다.
들숨과 날숨이 오가며
쉼 없이 열리고 닫히는 문.
'나'는 고정된 실체가 아닙니다.
몸도, 마음도,
끊임없이 흐르고 있습니다.
생각, 감정, 기억, 경험까지도
이 회전문을 지나
들어오고, 나가고, 흘러갑니다.
그 흐름을 조용히 바라보면,
매 순간, 새로운 나를 만나게 됩니다.

awareness
오늘 하루, 지금 이 순간 드나드는 내 숨결을
섬세하게 느껴보세요.

DAY
076

몸챙김 연습

내 몸을 얼마나 알아차리고 있나요?
몸은 '나'와 가장 가까운 곳에 있지만,
너무 가까워서 잊고 살기 쉽습니다.
지금 내 몸은 어떤가요?
긴장되어 있나요? 아니면 편안한가요?
자세는 어떤지,
근육은 이완되어 있는지,
숨은 길고 부드러운지
조용히 느껴보세요.
자주 몸에게 말을 걸어주세요.
몸을 챙기는 일이,
곧 마음을 챙기는 일입니다.

awareness
오늘 하루, 어깨의 긴장, 발끝의 감각, 숨의 흐름 등
내 몸의 작은 감각에 귀 기울여보세요.

DAY
077

멈춤의 기술

감정의 작동 방식을
알아차리는 능력이 커질수록
나는 더 자유로워집니다.
마음이 불편할 때는 조용히 마음속으로
이 네 단어를 떠올려보세요.
S — Stop
무조건 멈추고, 그 자리에 가만히 머뭅니다.
T — Take a breath
들이쉬고 내쉬는 호흡의 흐름에 집중합니다.
O — Observe
감정이 일어나는 마음속 풍경을 조용히 바라봅니다.
P — Proceed
다시, 천천히 움직이기 시작합니다.

awareness
오늘 하루, 어떤 감정이 밀려올 때,
잠시 멈추고 'STOP'을 떠올려보세요.

DAY
078

선택의 자리에서

선택권은 언제나 나에게 있습니다.
어떤 상황이든
나는 어떻게 반응할지
선택할 수 있습니다.
고통을 견디는 것도,
고통을 해결하는 것도
모두 나의 선택입니다.
정해진 정답은 없습니다.
다만, 어떤 선택이든
그 책임은 나의 몫입니다.
지금 이 순간,
나는 어떤 선택의 자리에 서 있나요?

awareness
오늘 하루, 작은 선택 하나에도 나의 마음이
어떻게 움직이는지 조용히 지켜보세요.

DAY
079

그대로 두는 마음

무엇이 오든,
억지로 밀어내지 마세요.
무엇이 떠날 때도,
붙잡지 말고 슬퍼하지 마세요.
기쁨이 찾아오면
그저 감사함으로 받아들이고,
고통이 다가오면
피하지 말고 조용히 마주하세요.
사랑하는 이가 곁에 있다면
그 순간을 온전히 누리세요.
그가 떠날 때는
그 앞날을 조용히 축복해 주세요.
흔들리지 않고
모든 것을 있는 그대로 두는 마음.
그것이 바로 평정심이 주는 선물입니다.

awareness
오늘 하루, 어떤 감정이든, 어떤 상황이든
당장 바꾸려 하기보다 그대로 두는 연습을 해보세요.

DAY
080

느슨해지기

잠시, 모든 것을 내려놓아보세요.
너무 많이 배우고,
너무 많이 기억하고,
너무 열심히 살아오지 않았나요?
지금 이 순간,
조금 느슨해져도 괜찮습니다.
가끔은 삶이
그저 제 흐름대로 흘러가도록
조용히 기회를 주세요.

awareness

오늘 하루, 한숨 돌리고, 느슨해진 틈에서
고요한 생명력을 느껴보세요.

DAY
081

쥔 것을 놓을 때

뜨거운 숯을
손에 쥐고 있다고 상상해보세요.
놓을까 말까 고민하지 않을 거예요.
그것이 '뜨겁다'는 걸 알아차리는 순간,
우리는 자연스레 손을 펴게 됩니다.
우리는 종종 고통을 꽉 쥔 채 살아갑니다.
그게 고통이라는 사실조차 잊은 채 말이죠.
고통을 고통인 줄 알게 되면,
놓는 일은 생각보다 어렵지 않습니다.

awareness
오늘 하루, 무의식적으로 붙잡고 있는
감정이나 생각이 있다면 조용히 들여다보세요.

DAY
082

채움의 역설

허전함은
무언가로 채우려 할수록 더 커집니다.
가득 담으려 애쓸수록,
도리어 더 비어 있는 듯 느껴집니다.
'채워야 한다'는 생각을
살며시 놓아보세요.
허전함은
비움을 받아들이지 못할 때
자라는 감정입니다.
억지로 메우려 하지 말고,
그저 조용히 곁에 있어주세요.

awareness

오늘 하루, 허전해질 때 마음속으로 말해보세요.
'괜찮아, 지금 이 허전함도 나의 일부야.'

DAY 083

지금 여기서

어떤 삶을 살아왔든,
어떤 과거를 지녔든,
이미 지나간 일입니다.
지나간 것은 바꿀 수 없으니
그저 조용히 인정해주세요.
자책하지 마세요.
후회하지 마세요.
잘했는지, 못했는지
이제는 싸울 이유도 없어요.
지금, 여기로 돌아와
현실의 순간을 맞아주세요.
내 삶은, 여기서 다시 시작됩니다.

awareness
오늘 하루, 이렇게 속삭여보세요.
'괜찮아, 지금부터 다시 시작이야.'

DAY
084

나의 중심

비난에 움츠러들지 말고,
칭찬에 우쭐해지지 마세요.
세상 누구보다
나 자신이 나를 가장 잘 압니다.
흔들리는 시선에 기대지 말고,
조용히, 나의 중심으로 돌아오세요.
이 삶은, 오롯이 나의 삶입니다.

awareness

오늘 하루, 누군가의 평가에 흔들릴 때마다 속삭여보세요.
'나는 나의 중심에 서 있다.'

DAY
085

순응하는 이유

"현실을 받아들여라"는 말은
현실에 무릎 꿇으라는 뜻이 아닙니다.
있는 그대로를 부정하지 않을 때,
나의 선택은 더 또렷해지고,
행동은 더 용감해집니다.
피하지 않고 마주할 때,
비로소 나아갈 길이 보입니다.
그것이 바로,
받아들임의 지혜입니다.

awareness
오늘 하루, 지금 이 현실을 밀어내지 말고
조용히 바라보세요.

DAY
086

이완을 허락하기

편안하게 내버려두세요.
힘들게 붙잡지 마세요.
변화무쌍한 세상 속에서
늘 그대로이기를 바라는 마음 때문에
괴로움만 커져요.
편안하게 내버려두세요.
단단히 붙잡지 마세요.
모든 것은 변화하고
그 변화를 받아들일 때,
마음의 평화를 얻을 수 있어요.
지금은 이완이 필요해요.
나에게 이완을 허락해주세요.

awareness
오늘 하루, 긴 숨을 내쉬며 나에게 속삭여주세요.
'지금 이대로 괜찮아.'

DAY
087

느껴보세요

조용히 눈을 감고 느껴보세요.
흘러가는 저 구름의 움직임을,
뺨에 스치는 바람의 숨결을,
한 발 한 발 내디딜 때 발바닥의 감촉을,
두 손을 맞잡은 따스한 온기를.
조용히 눈을 감고 느껴보세요.
하루하루 나를 움직이게 하는
보이지 않는 생명력을.

awareness
오늘 하루, 감각에 조용히 주의를 두며
'나는 살아 있다'는 사실을 느껴보세요.

새로운 감각

가끔은 낯선 골목을 걸어보세요.
처음 보는 가게, 익숙하지 않은 공기와 함께
조용히 한 걸음, 또 한 걸음.
어느새 어린 시절의 기억이
스멀스멀 되살아날지도 몰라요.
바람 냄새, 골목의 풍경, 들려오는 소리,
그 작은 호기심이
다시 두근거리기 시작할 거예요.
나를 새롭게 하는 감각이
나를 더 살아 있게 해줄 거예요.

awareness
오늘 하루, 익숙한 길을 잠시 벗어나
발길 닿는 대로 걸어보세요.

DAY 089

세상의 소리

소리를 잘 들으려면
잠시 잡담을 멈추어야 합니다.
마음속의 소란한 소리를
조용히 내려놓고 귀 기울여보세요.
어쩌면 세상이 나에게
전하고 싶은 이야기가 들려올지도 몰라요.

awareness
오늘 하루, 마음이 소란할 때, 잠시 멈추고
주변의 소리에 집중해보세요.

DAY
090

걷기 명상

걸어야 살아납니다.
걷는 순간, 몸은 깨어나고
게으름은 스며들 틈을 잃습니다.
호흡은 고요해지고,
생각은 조용히 가라앉습니다.
몸과 마음이 조화를 찾는 데
걷는 것만큼 좋은 일은 없습니다.
걸으면서 조금씩 살아나는
나를 만나보세요.

awareness

오늘 하루, 산책을 하며 이렇게 속삭여보세요.
'지금 이 걸음은 나에게로 향하는 길이야.'

DAY
091

순간의 숨결

잡을 수도, 되돌릴 수도 없는
찰나 속에서
조용히 몸과 마음을 이완해보세요.
모든 것은 끝나고, 지나갑니다.
지속적인 실체는 없고,
모든 것은 끊임없이 변해갑니다.
이 자연스러운 흐름에 저항하지 말고
지금 이 순간, 내 몸과 마음에
충분한 쉼을 허락해 주세요.
모든 것이 일시적이라는 사실을
받아들이는 데는 용기가 필요합니다.
그러나 그 너머엔 자유와 평온이
조용히 나를 기다리고 있습니다.

awareness
오늘 하루, 한순간도 머물지 않는
나의 호흡을 따라가 보세요.

DAY
092

나를 지켜주는 감각

안전감은 자존감의 주춧돌입니다.
그건 단순한 기분이 아니라,
'지금 이대로도 괜찮아.'
라는 마음 깊은 곳의 자기신뢰입니다.
이 감각이 단단해질 때,
무엇을 하든 흔들리지 않고,
어디에 있어도 나를 지킬 수 있습니다.
마음챙김은 바로 이 자기신뢰를
매일 연습하는 일입니다.
숨이 오고 가는 지금 이 순간,
나는 충분히 안전하다는 것을
조용히, 다시 기억해보세요.

awareness

오늘 하루, 잠시 멈춰서 숨을 들이쉬고 내쉬어 보세요.
그 호흡 안에 나를 지켜주는 감각이 살아 있습니다.

DAY 093

현재의 빛

죄책감 속에서는
사랑이 자라지 않습니다.
두려움 속에서는
의미 있는 일이 피어나지 않습니다.
공허한 마음으로 오늘을 흘려보내면,
미래를 아무리 계획해도
그 길은 텅 비어 있을 뿐입니다.
지금 이 순간을 온전히 살아가세요.
그때 비로소, 사랑은 꽃피고
일은 결실을 맺으며
미래는 희망으로 빛나기 시작합니다.

awareness

오늘 하루, 지금 이 순간을 흘려보내지 말고
조용히 바라보세요.

DAY 094

현존할 때

반려동물이 사랑스러운 이유는
지금 이 순간에 온전히 존재하기 때문입니다.
이들은 자기감정에게 솔직하고,
망설임 없이 마음을 표현하며
누구도 탓하지 않습니다.
그저 있는 그대로 자신을 드러낼 뿐입니다.
현존할 때, 우리는
가장 자연스럽고,
가장 사랑스러운 존재가 됩니다.

awareness

오늘 하루, 반려동물처럼 지금 이 순간에
있는 그대로 머물러 보세요.

DAY
095

경험의 중심

잠시 멈춰,
지금 이 순간을
조용히 들여다보세요.
눈에 보이는 것, 들리는 모든 소리,
피부에 닿는 감각,
마음에 일어나는 생각들.
이 모든 경험의 중심에 무엇이 있을까요?
바로 '알아차림'입니다.
알아차림이 없다면
그 어떤 경험도 존재할 수 없습니다.
모든 순간은,
알아차림 위에 피어납니다.

awareness

오늘 하루, 발바닥의 느낌, 바람이 스치는 뺨 등
새로운 감각에 집중해보세요.

DAY
096

감각의 섬

마음이 벅차고 괴로울 때는
잠시 멈춰, 한 발짝 물러나세요.
모든 것을 마주하려 애쓰기보다
내 안의 평온한 섬으로 걸어가 보세요.
발바닥이 땅에 닿는 느낌,
손바닥에 머무는 따뜻함,
등에 스치는 가벼운 감촉.
지금 이 순간,
몸에 닿은 감각에
조용히 귀 기울여보세요. 그 감각 위에
고요한 섬 하나가 떠오릅니다.
그곳에서 숨을 고르고,
다시 삶과 마주해보세요.

awareness

오늘 하루, 복잡한 생각에 휘말릴 때면
발바닥, 손끝, 숨결 같은 감각에 조용히 닿아보세요.

DAY
097

알아차림의 뿌리

호흡이 들어오고 나가는 감각을
천천히 따라가 보세요.
숨이 닿는 자리마다
내 안의 고요가 깃듭니다.
그 고요를 지켜보는 '나'는 누구일까요?
몸이 움직이고, 생각이 지나가고,
감정이 오고 가는 모든 순간에도
조용히 머물러 있는 한 자리가 있습니다.
그 자리가 바로 '알아차림'입니다.
말없이 바라보고,
판단 없이 느끼는 그 자리.
그곳이 바로,
내 마음의 뿌리입니다.

awareness
오늘 하루, 내 호흡, 생각, 감정 뒤에
조용히 깨어 있는 그 '알아차림'을 느껴보세요.

DAY 098

현실 받아들이기

우리는 종종 현실을 피하고 싶어합니다.
그것이 마음에 들지 않을수록
더욱 외면하고 싶어지지요.
하지만 역설적으로,
현실을 있는 그대로 받아들일 때
오히려 해방감을 느낍니다.
현실을 인정한다는 건,
그 상황을 좋아하라는 뜻이 아닙니다.
그저 지금 이 순간의 진실을
있는 그대로 받아들이는 것입니다.
이런 수용은 내적 저항을 낮추고,
불필요한 스트레스를 덜어냅니다.
현실을 받아들이는 순간,
우리는 더 명확하게 행동할 수 있습니다.

awareness

오늘 하루, 마음에 들지 않는 현실 하나를
있는 그대로 인정해보세요.

SMILE

Day 99~154
미소 짓는 나
작은 미소 하나가 오늘을 부드럽게 엽니다.

DAY
099

다정한 사람

다정한 사람은 따뜻하고 친절합니다.
온화한 눈빛과 부드러운 말투로
마음을 편안하게 만들어주지요.
그 곁에 있으면
나도 모르게 마음이 열리고,
기쁜 일이 생기면
가장 먼저 그 사람의 얼굴이 떠오릅니다.
무엇보다 다정한 사람은
나를 조금 더
따뜻한 사람으로 바꿔줍니다.

awareness
오늘 하루, 곁에 있는 사람에게 다정한 한마디를 건네보세요.
'네가 있어서 참 좋아.'

DAY
100

인연이라는 기적

만나지 않았다면 어땠을까 싶은,
기적 같은 인연을 만나는 것도 인생이고,
그 소중한 인연과
온갖 이유로 멀어지는 것도 인생입니다.
그래서 지금, 이 순간.
내 곁에 있는 인연들은 모두 찬란합니다.
함께 웃고, 함께 견디며
서로의 하루를 살아내는 존재들.
그 존재 하나하나가
삶이 내게 건넨 가장 빛나는 선물입니다.

awareness
오늘 하루, 곁에 있는 누군가를 떠올리며 말해보세요.
'당신을 만나서, 참 고마워요.'

DAY
101

두 가지 길

마음챙김에는 두 가지 길이 있습니다.
하나는, 강한 의도를 세우는 길입니다.
애쓰고 노력해서 내 뜻대로
마음을 길들이는 것입니다.
다른 하나는, 익숙해져서 물드는 길입니다.
물들기 위해선 그저 향기로운 곳에
오래 머물기만 하면 됩니다.
이 두 가지 길을 동시에 걸어보세요.
좋은 의도를 품고서
지혜로운 사람 곁에 오래 머물러 보세요.

awareness
오늘 하루, 내가 길들이고 싶은 대상은 무엇인지,
또 내가 물들고 싶은 대상은 무엇인지 조용히 자각해보세요.

DAY
102

배경의 힘

사람들의 얼굴이나 옷차림,
물건 그 자체보다
그것들을 감싸고 있는 '배경'에
눈을 돌려보세요.
주변의 공기, 흐르는 바람,
오늘의 습도 같은 것들.
눈에 잘 보이지 않지만,
그 모든 것이 조용히
세상을 떠받치고 있습니다.
글을 쓸 때도 글자만 보지 말고,
글자와 글자 사이의 여백,
행과 행 사이에 흐르는
침묵과 호흡을 느껴보세요.
배경이 비어 있어야
비로소 무언가를 채워갈 수 있습니다.

awareness
오늘 하루, 사물이나 사람보다 그들을 감싸고 있는
'공간'과 '여백'에 주목해보세요.

DAY
103

감사의 효능

숨 쉴 수 있음에,
차 한 잔의 따스함에,
한 걸음씩 걸을 수 있음에,
할 일이 있음에,
밥을 먹을 수 있음에,
만날 사람이 있음에,
지금 이 평범한 일상에
진심으로 감사할 때,
현재를 온전히 누릴 수 있습니다.
과거에 어떤 일이 있었든,
미래에 무엇이 기다리든,
감사는 지금 이 순간을
더 선명하게 살아가게 해줍니다.

awareness
오늘 하루, 작은 것 하나에도 이렇게 속삭여보세요.
'항상 고마워.'

DAY
104

따뜻한 선물

나의 현존(being)을 선물해보세요.
짧은 시간이어도 괜찮습니다.
가족, 친구, 지인에게
단 10분이라도 진심으로
함께 머물러 주세요.
어떤 말보다, 어떤 행동보다,
그저 오롯이
곁에 있어주는 것만큼
따뜻한 선물은 없습니다.

awareness

오늘 하루, 누군가와 함께할 때
마음을 온전히 그 자리에 두어보세요.

DAY
105

판단 내려놓기

좋음과 나쁨으로
모든 일을 나누기 시작하면,
내 마음엔 분노가 차곡차곡 쌓입니다.
누군가를 끊임없이 평가하고 재단하다 보면,
지치는 건, 결국 나 자신입니다.
'저 사람은 정말 나빠.'
마음속에서 항상 평가하고 있다면,
과연 내 마음은 평온할 수 있을까요?
조금만 마음을 돌려보세요.
'저 사람도 조금씩 세상을 배워가는 중이겠지.'
조금 더 너그러운 시선으로 바라볼 때,
비로소 내 마음에도 평화가 깃듭니다.

awareness

오늘 하루, 판단이 올라오는 순간 이렇게 말해보세요.
'괜찮아, 수용할 수 있어.'

DAY
106

베푸는 일

기쁜 마음으로 베풀면,
누구를 만나도 두렵지 않습니다.
어디를 가든, 어떤 상황이든
후회할 일이 없습니다.
그 어떤 계산도, 기대도 없이
진심으로 내어놓은 마음은
언제나 나를 자유롭게 합니다.
베풂의 가장 큰 수혜자는
결국, 나 자신입니다.

awareness
오늘 하루, 작게라도 누군가에게
기쁜 마음으로 한 가지를 베풀어보세요.

DAY
107

자비의 순환

모든 존재는
사랑이며 자비입니다.
우리는 서로에게 기대어 살아갑니다.
태양이 빛을 내고
그 빛에 바다는 증발하며,
구름이 되어 하늘을 떠돕니다.
내 식탁 위의 곡식과 열매,
생명을 나눈 동물들,
그리고 언젠가 흙으로 돌아갈 내 몸.
존재란 크고 작은 자비가
끊임없이 순환하는 거대한 흐름입니다.
그 흐름 속에서 우리는 함께 살아갑니다.

awareness
오늘 하루, 내 주변의 작은 존재들에게
사랑의 마음을 보내보세요.

DAY
108

존중해주세요

나와 다른 길을 간다고
굳이 비난할 필요는 없습니다.
다른 선택, 다른 삶도
그저 조용히 존중해주세요.
의견과 행동은 비판할 수 있어도,
그 사람의 존재까지 부정하지 마세요.
나는 내가 옳다고 믿는 길을
묵묵히 걸어가면 됩니다.
그러다 보면 같은 방향으로 걷는 이들이
하나씩 내 곁에 모일지도 모릅니다.

awareness

오늘 하루, 나와 다른 생각을 하는 사람에게
따뜻한 시선을 보내주세요.

DAY
109

일상의 출처

내 일상이 무너지지 않도록
조용히 자리를 지켜주는 사람들에게
감사의 마음을 보내주세요.
새벽 배송을 해주는 배달원,
거리를 쓸고 닦는 환경미화원,
버스를 운전하는 기사님,
지하철을 움직이는 기관사님,
같이 일하는 동료들,
건물을 지키는 경비원,
가스를 점검하고, 택배를 전달하고,
밥 한 끼를 정성껏 내어주는 사람들까지
크고 작은 인연들이 모여
내 일상을 조용히 떠받치고 있습니다.

awareness
오늘 하루, 내 일상을 지탱해주는 분들에게 말해보세요.
'고맙습니다. 당신 덕분에 오늘도 잘 살아갑니다.'

DAY 110

연민의 힘

'나'와 '너',
'나'와 '세상' 사이의 경계가
조금씩 흐려질 때,
그 자리에 연민(compassion)이 피어납니다.
compassion의 어원을 들여다보면
'com-'은 함께, 'passion'은 고통을 뜻합니다.
즉, 함께 고통을 느끼는 마음입니다.
'나'의 아픔을 넘어 '너'의 고통까지
함께 품으려는 마음.
그것이 바로 연민이며, 자비이고, 사랑입니다.
경계가 사라지고
'나'와 '너'가 '우리'로 이어지는 순간,
사랑은 말없이 시작됩니다.

awareness
오늘 하루, 누군가의 어려움을 떠올리며 기도해보세요.
'당신의 고통이 조금이나마 가벼워지기를.'

DAY
111

나의 생존

공기가 없다면 나는 존재할 수 없습니다.
밥을 먹지 못해도 나는 존재할 수 없습니다.
무언가가 사라지면서
나 또한 함께 사라진다면,
그건 나를 이루는 필수의 일부입니다.
지금 이 순간, 내 호흡과 심장이
조용히 움직일 수 있도록
우주 전체가 함께 움직이고 있습니다.
'나'라는 존재는
우주 바깥에 홀로 떨어져 있지 않습니다.
'나'의 생존은
모든 것의 노력과 연결되어 있습니다.

awareness
오늘 하루, 숨을 들이쉴 때마다
그 숨을 가능하게 한 수많은 생명의 노력을 떠올려보세요.

DAY
112

한순간의 꽃

꽃 한 송이가 피어나기 위해
필요한 것들이 있습니다.
햇빛, 비, 구름,
땅과 공간, 시간과 우주.
그리고 그 꽃을 바라보는 나의 시선.
그 모든 것이 함께 있을 때,
비로소 한 송이 꽃이 피어납니다.
삶도 그렇습니다.
한순간이 아름답게 피어나기 위해선
수많은 인연과 시간이
조용히 제자리를 지켜야 합니다.
그렇게 피어난 지금 이 순간은
결코 우연이 아닙니다.

awareness
오늘 하루, 지금 이 순간을 내가 피워낸 한 송이처럼
조용히 바라보며 머물러보세요.

DAY
113

조건 밖의 사랑

우리는 처음 조건 없는 사랑을 받으며
세상에 나왔습니다. 울기만 해도 안아주고,
눈을 마주치기만 해도 사랑을 받았죠.
하지만 조금씩 자라면서
사랑에 조건이 붙기 시작합니다.
공부를 잘해야, 어른들의 기대를 따라야
비로소 칭찬과 미소가 돌아옵니다.
성인이 되면 그 기준은 더 늘어납니다.
외모, 학벌, 직장, 사회적 지위…
점점 더 충분하지 않은 자신을 느끼게 됩니다.
이럴수록 우리는 다시 처음으로 돌아가야 합니다.
그 어떤 조건 없이 존재만으로 사랑받았던,
그때의 나를 기억해야 합니다. 잊고 있던
그 무조건의 시선으로 자신을 다시 바라보는 일,
그것이 바로 자기 사랑입니다.

awareness
오늘 하루, 누군가를 사랑할 때 조건 대신,
존재 자체를 먼저 바라보는 마음을 내어보세요.

DAY
114

기대의 그림자

내가 그려놓은 모습대로
상대가 움직여주지 않을 때,
서운함이 밀려옵니다. 하지만 그 서운함은
내 마음속에 그려놓은
기대의 그림자일지 모릅니다.
누군가의 초상화를
내 마음대로 그려놓지 마세요.
그림이 어긋나면, 상처만 남습니다.
대신, 그 사람을 있는 그대로 비추는
고요한 거울이 되어주세요.
왜곡 없이, 꾸밈없이
그 사람이 '그 사람'으로
자연스럽게 빛날 수 있도록.

awareness
오늘 하루, 내가 기대한 모습이 아닌
그 사람의 '있는 그대로'를 조용히 바라봐주세요.

DAY
115

그들도 나처럼

내가 좋아하는 사람도,
내가 미워하는 사람도,
나처럼 행복해지고 싶어 합니다.
잘난 사람도, 못난 사람도,
삶의 방식이 다르고,
말투나 태도가 거슬려도
행복을 바라는 마음만큼은
모두가 나와 같습니다.
누군가의 행동이 마음에 들지 않아도,
그 마음 안 어딘가엔
행복을 향한 간절한 바람이 있습니다.
그 마음만은 조용히 빌어주세요.

awareness
오늘 하루, 누군가를 바라보며 이렇게 속삭여보세요.
'저 사람도 나처럼 행복해지고 싶어 해.'

DAY
116

경청하기

누군가 내게 말을 걸어올 때,
오롯이 귀를 기울여주세요.
우리는 종종 상대의 말을 듣기보다
그 말에 대한 '내 생각'을 듣습니다.
말의 본뜻은 놓친 채,
내 해석만 떠올릴 때가 많습니다.
하지만 진짜 소통은 듣기에서 시작됩니다.
판단 없이, 끼어들지 않고
그저 마음으로 들어주는 일.
그게 바로 '경청'입니다.

awareness
오늘 하루, 누군가 말할 때 내 생각을 잠시 내려두고,
그저 마음으로 들어보세요.

DAY
117

작은 존재의 힘

작은 생명은 언제나
더 큰 존재에 기대어 살아갑니다.
숲이 있어야
그 안의 식물과 동물들이 숨 쉬고,
하늘이 있어야
구름도, 바람도 흐를 수 있죠.
하지만 숲은,
그 작은 생명들의 삶으로 이루어집니다.
하나의 잎사귀, 하나의 숨결,
하나의 움직임이 모여
거대한 생태계가 유지됩니다.
작은 생명들이 자연에 기대어 살아가듯,
자연 또한 그 작은 존재들의 힘으로
거대한 질서를 지켜냅니다.

awareness
오늘 하루, 내가 작게 느껴질 때, 마음속으로 말해보세요.
'내가 우주에 기대어 살아가듯, 우주도 나에게 기대어 존재한다.'

미소 한 번

나비의 작은 날갯짓이
머나먼 곳에 태풍을 일으키듯이,
내가 지은 작은 미소 하나도
누군가의 마음에 잔잔한 햇살이 됩니다.
그 미소는 파문처럼 번져가
굳은 얼굴을 천천히 풀어주고,
멈춰 있던 하루에
다시 조용히 빛을 켜줍니다.
온화한 미소 한 번으로
내 주변의 공기가 조금씩 환해집니다.

awareness
오늘 하루, 특별한 이유 없이도
미소를 지어보세요.

DAY
119

평등의 빛

강물은 바위와 모래를
차별하지 않습니다.
햇빛은 산봉우리와 계곡을
차별하지 않습니다.
땅은 정원의 장미와 들판의 민들레를
차별하지 않습니다.
크고 작음, 높고 낮음,
화려함과 소박함을 넘어
모든 존재는 그 자체로
이미 빛나고 있습니다.

awareness
오늘 하루, 내 눈에 보이는 모든 것에
'그 자체로 아름답다'고 말해보세요.

DAY
120

강물 인연

우리는 강물처럼
흐르는 인연 속에 살아갑니다.
어떤 날은 잔잔히,
어떤 날은 격렬히
수많은 만남과 이별 속에서
우리는 흘러갑니다.
어떤 인연은 돌처럼 단단히 곁에 머물고,
어떤 인연은 물거품처럼 스쳐 지나가죠.
하지만 모든 인연은
우리 안에 작은 변화를 남깁니다.
강물이 흐르며 바위를 부드럽게 만들듯,
인연도 서로를 조금씩 다듬어
지금의 '나'를 만들어갑니다.

awareness
오늘 하루, 곁에 있는 누군가에게
다정한 마음을 건네보세요.

DAY
121

친절한 손길

'나에게 지금 필요한 것이 무엇일까?'
때로는 그 작은 질문 하나가
지친 마음에 잔잔한 위로가 됩니다.
누군가 "필요한 것이 있으세요?" 하고 물어줄 때
마음이 스르르 열리는 것처럼,
내가 나에게도 다정하게 물어볼 수 있어야 합니다.
두 손을 가슴 위에 얹고,
그 온기를 천천히 느껴보세요.
그리고 조용히 되물어보세요.
'지금, 나에게 진짜 필요한 것은 무엇일까?'
이 질문 하나가 내 안을 두드리며
나에게 가장 친절한 손길로 돌아옵니다.

awareness
오늘 하루, 나에게 필요한 것을 묻고,
그 답에 조용히 귀 기울여보세요.

DAY
122

만남과 헤어짐

인생은
만남과 헤어짐의 연속입니다.
사랑도, 미움도
그저 지나가는 계절일 뿐입니다.
너무 집착하지 마세요.
그렇다고 냉담해질 필요도 없습니다.
헤어짐은 언젠가
또 다른 만남의 문을 엽니다.
오늘의 이별은
내일의 재회가 되기도 하니까요.

awareness

오늘 하루, 누군가와의 만남과 이별을
조금 더 부드러운 마음으로 바라보세요.

DAY 123

친절이라는 열매

누군가 나에게
친절을 베풀었던 순간을 떠올려보세요.
그건 단지 말 한마디가 아니라,
햇살처럼 따뜻한 '주의'가
조용히 나를 비추던 순간이었을 거예요.
나도 누군가에게 그런 온기를
건넨 적이 있을지도 몰라요.
그 따뜻한 알아차림이 씨앗이라면,
그 씨앗이 맺는 열매는
바로 '친절'입니다.

awareness
오늘 하루, 내 시선이 닿는 모든 것에
햇살처럼 따뜻한 주의를 보내보세요.

DAY
124

해석의 태도

우리를 고통스럽게 하는 건,
사건 그 자체가 아닙니다.
그 일과 맺는 '관계', 그에 대한 '해석'이
고통의 크기를 결정짓습니다.
사건은 언제나 중립적입니다.
그것을 괴로움으로 바꾸는 건,
내 안의 받아들이는 방식입니다.
같은 상황도 누군가에겐 상처가 되고,
누군가에겐 성장이 됩니다.
삶의 고통을 줄이기 위해
상황을 바꾸려 애쓰기보다,
그것을 바라보는
나의 태도를 조용히 돌아보세요.

awareness

오늘 하루, 불편한 일이 생기면 내가 그것과 어떻게
관계 맺고 있는지 조용히 들여다보세요.

의식적인 선택

더 많이 웃고,
덜 걱정해도 괜찮습니다.
더 많이 연민하고,
덜 판단해도 좋습니다.
더 많이 감사하고,
덜 스트레스 받아도 됩니다.
더 많이 사랑하고,
덜 미워해도 충분합니다.
지금 이 순간, 어떤 마음을 선택할지는
내가 결정할 수 있습니다.
이런 작고 의식적인 선택들이
내 일상을 천천히 변화시켜 줍니다.

awareness
오늘 하루, 내가 할 수 있는
가장 작고 따뜻한 선택 하나를 실천해보세요.

DAY
126

말 너머의 대화

한쪽으로 쏠린 대화는
진짜 소통이라 하기 어렵습니다.
대화의 본질은 '말'이 아니라,
그 말 속에 담긴 '마음'입니다.
진정한 대화는 말을 주고받는 그 순간,
서로가 조금씩 바뀌어 가는 과정입니다.
때로는 침묵도 대화의 일부입니다.
말보다 더 중요한 건,
귀 기울여 듣는 태도입니다.
서로의 눈을 바라보며,
말 너머의 감정을 읽고,
그 안의 진심을 느낄 때,
대화는 깊어집니다.

awareness

오늘 하루, 누군가의 말을 들을 때
그 말 뒤에 숨은 감정을 조용히 읽어보세요.

DAY
127

비난에 흔들리지 않기

누군가 나를 욕하면
그 말에 상처받고 괴로워집니다.
하지만 잘 들여다보면,
그 괴로움은 타인이 만든 것이 아닙니다.
그 말에 나 자신이 동의하는 순간,
고통이 비로소 자라나기 시작합니다.
가장 나를 괴롭히는 존재는
타인이 아니라, 그 말을 믿어버린 '나'입니다.
그러니 타인의 말과 행동을
내 마음의 진실로 허용하지 마세요.
그건 나의 것이 아닙니다.

awareness
오늘 하루, 누군가의 말에 흔들릴 때 말해보세요.
'그건 나의 진실이 아니야.'

아픈 사람

가까운 사이든, 먼 사이든
누군가가 나를 힘들게 한다면,
그 사람은 어쩌면
스스로 괴로운 사람일지 모릅니다.
마음속 고통이 넘쳐
밖으로 흘러나온 것일 뿐,
그 아픔이 나에게 닿은 것입니다.
알고 보면, 세상에 '나쁜 사람'은 없습니다.
그저, '아픈 사람'이 있을 뿐입니다.
그래서 미움이나 원망보다
이해와 도움이 더 필요한지도 모릅니다.

awareness
오늘 하루, 나를 불편하게 한 누군가를 떠올리며 말해보세요.
'그도 아픈 마음을 안고 있었구나.'

DAY
129

연결 고리

동등한 존재들 사이에서
연민은 피어납니다.
내 안의 어두운 면을 진심으로 이해할 때,
타인의 고통도 함께 느낄 수 있습니다.
우리는 흔히 주는 사람과 받는 사람을 나누지만,
진정한 연민은 그런 구분을 넘어섭니다.
누구나 겪는 인간적인 아픔,
보편적인 괴로움을 인식하는 순간,
연민은 우리를 잇는 다리가 됩니다.
'나'와 '너', 그리고 '우리'의 마음은
고통을 느끼는 바로 그 순간,
조용히 하나로 연결됩니다.

awareness

오늘 하루, 괴로움을 겪고 있는 누군가를 떠올리며 속삭여보세요.
'당신의 고통은 혼자가 아니에요.'

DAY
130

귀한 존재

이 세상 어디에도
나와 똑같은 사람은 없습니다.
'나'라는 존재는 단 하나,
오직 한 번뿐인 삶을 살아가는
유일무이한 존재입니다.
그러니 나를 가장 귀하게 여겨주세요.
그리고 잊지 마세요.
지금 내 앞에 있는 그 사람 또한
이 세상에 단 하나뿐인 존재입니다.
내가 귀하듯,
타인도 나처럼 귀하게 대해주세요.

awareness
오늘 하루, 나 자신을 다정하게 안아주고 속삭여보세요.
'나는 참 귀한 존재야.'

DAY
131

'나'라는 촛불

조용히, 작은 촛불 하나가
타오르고 있어요.
지금 이 순간의 불꽃은
1초 전과 같기도 하고, 또 다르기도 해요.
1초 뒤에 피어오를 불꽃과도 분명 다를 거예요.
'나'도 그래요. 지금의 나는
과거의 나, 그리고 미래의 나와
같기도 하고, 다르기도 해요.
그러니 나를 애써 붙잡지 않아도 괜찮아요.
'나'라는 촛불은
끊임없이, 조용히 타오르고 있으니까요.
그저 지켜봐 주세요.
고요하게, 따뜻하게.

awareness
오늘 하루, 과거의 나와 달라진 나를
부드럽게 받아들이세요.

DAY
132

'나'라는 생태계

'나'는 하나의 생태계입니다.
내 몸은 피부 안의 수많은 세포들과
피부 밖의 수많은 존재들과
끊임없이 영향을 주고받으며 살아갑니다.
내 정신도 마찬가지예요.
'나'라는 의식은
수많은 만남과 관계의 그물망 속에서
조용히 자라납니다.
'나'를 하나의 고정된 실체가 아니라
유기적인 흐름으로 바라볼 때,
나는 더 자유로워질 수 있어요.

awareness
오늘 하루, 나를 이루고 있는 수많은 관계를
조용히 떠올려보세요.

DAY
133

삶의 주인공

생각에 빠질 때마다
조용히 알아차려주세요.
'아, 지금 내가 생각 속에 있구나.'
생각을 알아차리는 그 순간,
마음의 공간은 더 넓어지고
세상은 한결 가볍게 느껴집니다.
이렇게 생각을 알아차리는 연습을 하다 보면
어느새 분명해지는 것이 있어요.
바로, 나 자신이
내 삶의 주인공이라는 사실입니다.

awareness
오늘 하루, 생각에 빠졌다는 걸 알아차릴 때마다 말해보세요.
'나는 지금, 나의 삶을 선택하고 있어.'

DAY
134

각자의 삶

그 사람과 나는 모든 것이 달라요.
성격도, 외모도, 가지고 있는 능력도 달라요.
나는 그 사람이 될 수 없고,
그 사람도 내가 될 수 없어요.
옳은 삶, 그른 삶이 따로 있는 게 아니에요.
그저 각자의 삶이 있을 뿐이에요.
비교는 필요 없어요.
그저 나의 삶을,
나답게 살아가면 됩니다.

awareness

오늘 하루, 남과 비교하는 순간이 찾아오면 속삭여보세요.
'나는 나의 삶을 살아갈 뿐이야.'

DAY
135

인생 친구

내가 평생 찾아 헤매던 사람은
어쩌면 나 자신이었는지도 몰라요.
일상의 모든 순간,
내 곁에는 언제나 '나'가 있었어요.
숨을 들이쉴 때도,
한 걸음 내디딜 때도,
그 모든 순간을
묵묵히 함께해준 나.
그 나를 안아주세요.
그 나를, 조용히 알아차려주세요.

awareness

오늘 하루, 나 자신에게 이렇게 말해보세요.
'고마워. 항상 함께해줘서.'

DAY
136

가장 중요한 일

삶에서 가장 중요한 책임은
바로 나를 사랑해주는 일입니다.
그 일을 남에게 맡긴다면,
나는 내 삶의 주인이 될 수 없겠지요.
나를 사랑해주는 일.
그 유일한 책임자는
오직 나 자신입니다.

awareness

오늘 하루, 나 자신에게 이렇게 말해주세요.
'언제나 내가 너를 사랑할게.'

DAY
137

하나뿐인 존재

세상 모든 존재는
열등하지도, 우월하지도 않아요.
잘났다고, 못났다고 말할 수 없어요.
존재는 그저,
존재하는 것만으로도 충분합니다.
내가 나를 따뜻하게 안아줄 때,
세상도 나를 있는 그대로 받아들입니다.
이 넓은 세상에서
나와 같은 존재는 단 하나,
바로 지금 여기에 있는 나입니다.

awareness
오늘 하루, 거울 앞의 나를 바라보며 속삭여보세요.
'너는 있는 그대로 충분해.'

DAY
138

존귀한 사람

하루하루,
어떤 마음으로 살아가는지,
어떤 행동을 쌓아가는지가
그 사람을 존귀하게 만듭니다.
작은 말 한마디, 조용한 배려 하나,
양심을 따르는 선택들이
나를 천천히 빛나게 합니다.
존귀함은 특별한 순간에
번쩍이며 드러나는 것이 아니라,
사소한 선택과 태도 속에서
조용히 드러납니다.

awareness

오늘 하루, 내 마음과 행동 속에
'존귀함'이라는 씨앗을 하나 심어보세요.

DAY
139

혼자여도 괜찮아요

진실에 기반하지 않은 관계는
오래 지속되기 어렵습니다.
남에게 맞추느라 자신을 잃어가는 것보다,
내가 나로서 편안할 수 있는 자리를
먼저 찾아야 합니다.
마음챙김이 깊어질수록
관계에 덜 흔들리고,
내 삶이 자연스럽게 흘러가고 있음을
조용히 알아차리게 됩니다.
누군가 곁에 있지 않아도
안심할 수 있는 자리. 그 자리에 닿을 때,
비로소 진실한 관계가 시작됩니다.

awareness
오늘 하루, 누군가 곁에 없어도 괜찮다는 마음으로
혼자서 편안히 머물러보세요.

DAY
140

말과 침묵

내가 하는 말에는 지성이,
내가 하지 않는 말에는 품위가 드러납니다.
말을 할 때와 하지 않을 때,
그 경계를 조용히 알아차려보세요.
입술을 여는 순간과
입술을 다무는 순간을
고요히 지켜보세요.
적절한 말은 침묵보다 깊고,
적절한 침묵은 말보다 강합니다.

awareness
오늘 하루, 말하기 전 잠시 멈추고
마음의 소리를 들어보세요.

DAY
141

물결의 시작

연못에 작은 물방울 하나가 떨어질 때,
고요한 수면 위로
둥글게 퍼지는 물결이 생깁니다.
나의 말 한마디,
나의 행동 하나도
보이지 않는 파문이 되어
세상 어딘가에 닿습니다.
내가 존재한다는 사실만으로도
이미 누군가의 하루에
고요한 물결처럼 스며들고 있습니다.

awareness
오늘 하루, 나의 작은 말과 행동이
누군가의 하루에 어떤 물결을 남기는지 조용히 떠올려보세요.

DAY
142

전체의 일부

몸속 혈액은 내 의도와 상관없이
쉼 없이 흐르고 있습니다.
심장은 내가 의도하지 않아도
두근두근 뛰고 있습니다.
밤하늘의 별도 내가 보든 말든
묵묵히 빛나고 있죠.
우리는 어떤 것은 '내 것',
어떤 것은 '내 것이 아니다'라고 구분하지만,
사실은 모두 연결된 생명의 흐름입니다.
나 또한 이 우주가 호흡하는 방식의
하나의 일부입니다.

awareness

오늘 하루, 숨을 들이쉴 때 '우주가 들어온다'라고
마음속으로 되뇌어 보세요.

DAY
143

사랑은 숨처럼

사랑과 연민은
생존을 위한 본능입니다.
그것이 없었다면 우리는 지금 여기까지
올 수 없었을지도 모릅니다.
사실, 사랑과 연민은 삶을 지탱하는
가장 깊고 본질적인 뿌리입니다.
사랑은 우리를 연결하고,
연민은 우리를 이해하게 합니다.
사랑은 숨처럼,
연민은 물처럼,
보이지 않지만 늘 곁에 있는 것.
그 따뜻한 흐름 위에
삶은 놓여 있습니다.

awareness
오늘 하루, 사랑과 연민을
꼭 필요한 숨처럼 느껴보세요.

정해놓지 않기

열어놓고 살아야 편해요.
정해놓고 살면 고민할 일이 많아져요.
정해놓고 살면 갈등할 일이 많아져요.
'반드시 그 일을 해내야 해.'
'반드시 그 사람을 만나야 해.'
모든 일을 꼭 해야겠다고
정해놓고 살면 괴로워요.
일도 그렇고, 사람도 그래요.
정해놓지 않고 살면
무엇이 와도 괜찮아요.

awareness
오늘 하루, 마음속에 꼭 쥐고 있던 '하나'를
느슨하게 놓아보세요.

용서하세요

누군가를 미워하면
아픈 건, 결국 내 마음입니다.
누군가를 원망하면
그 무거운 원망 또한, 내 안에 머뭅니다.
그래서 미운 사람이 있다면,
용서하세요.
상대를 위해서가 아니라,
오직 나 자신을 위해서
용서하세요.

awareness
오늘 하루, 작은 미움을 떠올리며 속삭여보세요.
'이제 괜찮아.'

DAY
146

명상하는 이유

나는 아무 감정도 없는
목석 같은 사람이 되고 싶지 않아요.
슬플 땐 슬프고,
기쁠 땐 기쁘고,
내 마음에 솔직하게 머물고 싶어요.
하지만 그 감정에 휘둘리기보다는,
어떤 상황에서도
잔잔히 미소를 지을 수 있는
따뜻한 사람이 되고 싶어요.

awareness
오늘 하루, 어떤 힘든 상황에서도
잔잔히 미소를 지어보세요.

DAY
147

시절인연

만난 사람과는 언젠가 헤어지고,
모였던 것들은 결국 흩어지게 마련입니다.
사랑이 아니라, 사랑하던 시절이었고
미움이 아니라, 미워하던 시절일 뿐입니다.
그러니 집착할 것도 없습니다.
헤어진 인연은
또 다른 계절에 다시 만날 수 있고,
흩어진 것들도 자연스러운 흐름 속에서
다시 모이게 됩니다.

awareness
오늘 하루, 지나간 인연들을
다정한 시선으로 떠올려보세요.

DAY
148

유일한 목적지

하루하루가
어떤 목적을 위한 과정일 때,
내 마음은 괴로워집니다.
늘 준비해야 하고,
늘 기다려야 하고,
늘 참아야 하니까요.
더 나은 내일을 좇느라
당근을 쫓는 당나귀처럼
삶을 흘려보내지 마세요.
삶의 유일한 목적지는
언제나, 지금 여기입니다.

awareness
오늘 하루, 숨을 쉬며 조용히 물어보세요.
'나는 지금 여기에 있나요?'

DAY
149

자기연민

힘들수록 나 자신에게
더 따뜻해야 합니다.
살다 보면 어쩔 수 없이
고통스러운 순간이 찾아올 때가 있어요.
그럴 때, 자기비난으로 상처를 더하지 마세요.
대신 자애의 마음으로
스스로를 다정하게 안아주세요.
'너는 충분히 노력했어.
잘 견뎌줘서… 정말 대견해.'
소중한 사람에게 하듯,
나 자신에게도 그 다정함을 아끼지 마세요.

awareness
오늘 하루, 누군가에게 했던 따뜻한 말을
그대로 나에게도 건네보세요.

DAY
150

전체 속의 나

우리는 둘이 아닙니다.
삶과 죽음이 둘이 아니듯,
너와 나도
본래 나뉘어 있지 않습니다.
우주라는 거대한 하나의 관계 속에
우리는 함께 존재하고 있습니다.
내가 일으킨 작은 파문이
보이지 않는 결을 타고
어딘가에서 전혀 다른 삶을
조용히 흔들고 있습니다.
하나는 전체이고, 전체는 곧 하나입니다.

awareness
오늘 하루, 나의 말과 마음, 선택 하나가
세상 어딘가에 닿고 있음을 떠올려보세요.

DAY
151

격려하고 지지하기

사랑은 누군가를 바꾸는 일이 아닙니다.
그 사람이 자신의 진짜 모습을
조용히 드러낼 수 있도록 돕는 일입니다.
사랑은 통제하거나 이끄는 힘이 아니라,
곁에 머무르며 지켜보는 믿음입니다.
성장을 강요하지 않고,
성장할 수 있는 환경을 조용히 마련해주는 일.
오직 신뢰하고, 격려하고, 지지해주는 일.
그것이 가장 따뜻한 사랑의 방식입니다.

awareness
오늘 하루, 누군가의 가능성을 믿고
조용히 응원해보세요.

DAY
152

함께 존재하기

벌은 꽃 없이
살아갈 수 없습니다.
꽃도 벌 없이
씨앗을 퍼뜨릴 수 없습니다.
서로 다른 존재 같지만,
하나의 생명 흐름 속에서
함께 숨 쉬고 있습니다.
우리는 서로에게 의지하고,
서로를 이루며 살아갑니다.
나는 혼자가 아닙니다.
지금 이 순간에도
보이지 않는 연결망 속에서
조용히 살아가고 있습니다.

awareness

오늘 하루, 내가 만나는 모든 것을 떠올리며 말해보세요.
'이것이 없다면 나는 어떤 하루를 보내게 될까?'

DAY
153

누군가 온다는 건

한 사람이 내게 온다는 건,
그의 과거와 현재,
그리고 미래가 함께 오는 일입니다.
그의 마음 안에 담긴 기쁨과 상처가
함께 오는 일입니다.
우리가 타인을 진심으로
이해할 수 있는 이유는
우리 모두 아프고,
괴로운 존재이기 때문입니다.
과거든, 현재든, 미래든
누구나 상처의 시절을 지나며 살아갑니다.
그래서 우리는 서로를 돌볼 수 있습니다.

awareness
오늘 하루, 내 앞에 오는 사람을
반갑게 맞이해보세요.

DAY
154

'나'라는 에고

'나'는 사랑 어린 알아차림입니다.
몸의 감각, 마음의 속삭임까지
모든 것을 따뜻하게 바라보는 존재입니다.
하지만 '나'라는 에고는
사실, 겁 많은 작은 아이입니다.
그 아이를 혼내거나 밀어내지 말고,
다정한 어머니처럼 조용히 안아주세요.
내 안에서 조용히 숨 쉬는 존재,
그 따스한 자리가 진짜 '나'입니다.

awareness

오늘 하루, 불안한 마음이 올라올 때 마음속으로 말해주세요.
'괜찮아, 네 곁에 내가 있어.'

Day 155~226
바라보는 나

내면을 바라볼 때, 진짜 나의 이야기가 시작됩니다.

DAY
155

있는 그대로 바라보기

밤하늘의 우주를 바라볼 때,
우리는 별들을
옳고 그름으로 판단하지 않습니다.
별들이 바르게 배열되었는지
비교하지도 않죠.
자연은 그저 존재할 뿐입니다.
어떤 설명도, 어떤 평가도 필요 없습니다.
가치 판단은 우리의 시야를 좁히고,
더 큰 그림을 보지 못하게 합니다.
있는 그대로 바라보는 지혜,
그것이 세상을 이해하는 열쇠입니다.

awareness

오늘 하루, 내 앞에 펼쳐진 사람과 상황을
그저 있는 그대로 바라보세요.

DAY
156

슬픔과 기쁨

빛을 인식하기 위해선
어둠이 있어야 합니다.
소리가 들리기 위해선
고요가 있어야 합니다.
기쁨을 누리기 위해선
슬픔도 겪어야 합니다.
극과 극을 함께 수용할 때,
삶은 더 풍요로워집니다.

awareness

오늘 하루, 내 안의 슬픔과 기쁨을
모두 소중히 안아주세요.

DAY
157

무쟁

평온이란
다투지 않는 것입니다.
고요해지고 싶다면
남과 다투지 말고,
내 마음과도 다투지 마세요.
논쟁 대신 대화로
갈등 대신 조화로
마음이 머무는 곳마다
무쟁(無諍)을 실천하세요.
다투지 않을 때
비로소 진짜 평화가 찾아옵니다.

awareness

오늘 하루, 다투려는 마음이 올라올 때 속삭여 보세요.
'이 순간, 다투지 않아도 괜찮아.'

DAY
158

천국과 지옥

어릴 적, 부모님과 함께
열탕에 들어간 기억이 있나요?
나는 뜨거워 죽겠는데,
부모님은 "아이고, 시원하다" 하며
미소 짓던 그 모습.
같은 온도, 같은 공간이지만
나는 괴롭고, 부모님은 평온했습니다.
누군가는 "아이고, 죽겠다" 하고,
누군가는 "아이고, 살겠다" 하죠.
천국과 지옥은 따로 있는 게 아닙니다.
결국, 내 마음만 있을 뿐입니다.

awareness
오늘 하루, 불편한 순간에 되뇌여보세요.
'지금, 이건 내 마음이 만들어낸 해석일지도 몰라.'

DAY
159

내 안의 행복

이미 내가 가진 것에 감사할 때,
더 큰 풍요가 찾아옵니다.
행복은 멀리 있지 않습니다.
내가 알아차리고 허용해주는 만큼
내게 머뭅니다.
행복은 본래 내 안에 있는 것.
그저, 눈을 뜨고
조용히 바라보세요.

awareness
오늘 하루, 나에게 있는 것들에
조용히 감사해보세요.

DAY
160

긍정의 씨앗

사랑과 자비가 피어나면
원망과 분노는 설 자리를 잃습니다.
지혜가 밝게 깨어나면
혼란과 번뇌는 저절로 사라집니다.
부정적인 것을 없애려
애쓰지 않아도 괜찮아요.
그저, 긍정의 씨앗을 조용히 심어보세요.
사랑을 심고, 자비를 키우고,
지혜의 빛을 조금씩 밝혀보세요.
작은 씨앗 하나가 숲을 이루듯,
작은 긍정 하나가
삶 전체를 바꿀 수 있어요.

awareness

오늘 하루, '작은 친절 하나 심기'처럼 긍정적 씨앗을
행동으로 심어보세요.

DAY
161

강함이란

"남을 이기는 사람은 힘이 세지만,
자신을 이기는 사람은 강하다."
노자는 말합니다.
통제하려는 욕망을 내려놓을 때,
비로소 진짜 강함이 드러난다고.
힘은 움켜쥘수록
그 본래의 의미에서 멀어집니다.
씨앗을 품어 싹을 틔우는 대지처럼,
막힘없이 흐르는 물처럼,
어디에나 있지만
드러내지 않는 공기처럼
진짜 강함은 소리 없이 존재합니다.

awareness
오늘 하루, 나의 단단한 힘을
조용히 느껴보세요.

DAY
162

마음이 만드는 것

마음이 사람을 그릇되게도 만들고,
주저앉히기도 합니다.
하지만 마음은
한 사람을 위대한 존재로
세우기도 합니다.
빛을 향하게도,
어둠 속으로 가라앉게도 하는 것,
모두 마음이 만듭니다.
그러니, 가장 먼저 살펴야 할 것은
바로 내 마음입니다.

awareness
오늘 하루, 내 마음이 만드는 '지금'을
잠시 바라보세요.

DAY 163

이대로도 충분해요

괴로움을 만드는 건,
늘 나의 분별심이에요.
같은 재산을 가지고도
누군가는 자신을 부자라 여기고,
누군가는 가난하다 여깁니다.
같은 능력을 두고도
어떤 이는 우월하다 여기고,
어떤 이는 열등하다 여깁니다.
문득 괴로움이 나를 찾아올 때,
비교와 판단을 살짝 내려놓고
그저, 있는 그대로 나를 바라봐주세요.

awareness
오늘 하루, 비교하거나 판단이 올라올 때마다 말해보세요.
'지금 이대로 나도 괜찮아.'

DAY
164

지긋이 바라보기

무언가를 오래,
지긋이 바라본 적이 있나요?
사랑하는 사람의 얼굴,
밤거리를 밝히는 간판 불빛,
나무 위를 기어오르는 개미,
그저 가만히 놓여 있는 돌 하나라도…
모든 것이 짧고 빠르게 지나갑니다.
주의는 금세 흩어지고,
마음은 쉽게 멀어집니다.
하지만 지긋이 바라볼 때,
존재는 조금씩 그 진짜 모습을 드러냅니다.
그렇게 바라보는 순간, 익숙했던 일상이
새로운 세상으로 열릴지 모릅니다.

awareness
오늘 하루, 무엇이든 좋아요.
한 가지라도 오래 바라보는 시간을 가져보세요.

DAY
165

꼭 쥐고 있는 것

무언가를 내려놓는 일은
생각보다 쉽지 않습니다.
그건 곧, 나의 일부분을 바꾸는 일이니까요.
그냥 내려놓기 어렵다면,
일단은 더 꼭 쥐어보아도 괜찮습니다.
너무 뜨겁지 않다면,
조금 더 쥐고 있어도 괜찮습니다.
그것이 나에게
아직 필요한 무언가일 수도 있으니까요.
하지만, 그것이 너무 뜨겁고 아프다면,
"앗, 뜨거워!" 하며
나도 모르게 놓아버리게 될 거예요.
지금 내가 꼭 쥐고 있는 그것이
나를 상처 입히지 않기를 바랍니다.

awareness
오늘 하루, 내가 손에 꼭 쥐고 있는 것이 무엇인지
조용히 바라보세요.

DAY
166

감정을 인정해주기

긴장, 불안, 우울은
없애야 할 문제가 아닙니다.
그 감정들은 지금,
내 몸과 마음이 보내는
소중한 신호입니다.
억지로 밀어내려 하지 말고
그저 조용히 느껴주세요.
'그래, 네가 지금 이렇구나.'
다정한 한마디로
그 감정을 인정해줄 때,
감정은 아침 햇살 속 이슬처럼
조용히 사라집니다.

awareness

오늘 하루, 올라오는 감정을 억누르지 말고 속삭여보세요.
'지금 이 감정도 괜찮아. 잠시 머물다 가겠지.'

DAY
167

두려워하지 마세요

먹구름을 두려워하지 마세요.
먹구름도 그저 광활한 하늘을
잠시 거쳐갈 뿐입니다.
지금의 분노, 불안, 걱정도 마찬가지예요.
그 감정들 너머에는
고요한 마음의 하늘이 있습니다.
그 하늘을 가만히 바라보세요.
알아차림은 감정의 소용돌이에
휘말리지 않도록 나를 지켜줍니다.
두려움 없이,
지금 이 순간을 마주하게 해줍니다.

awareness
오늘 하루, 감정의 먹구름이 스쳐갈 때, 속삭여보세요.
'이 감정은 잠시 머물다 갈 뿐이야.'

DAY
168

나를 용서하기

누군가를 향한 용서도 어렵지만,
가장 어려운 건,
내가 나를 용서하는 일입니다.
과거의 실수, 그때 하지 못한 말,
끝내 지키지 못한 약속들,
그 모든 기억 앞에서
나를 부끄럽게 여기고,
나를 탓하며 살아온 시간들.
이제는 그 모든 날의 나를
살며시 안아주어야 할 때입니다.
다른 누군가를 위한 용서가 아니라,
자유로워질 내 마음을 위한 용서입니다.

awareness
오늘 하루, 예전의 나에게 이렇게 말해보세요.
'괜찮아. 그때의 나도 최선을 다했어.'

DAY
169

습관적인 화

화도 습관입니다.
같은 상황에서도 모든 사람이
똑같이 화를 내지는 않아요.
과거의 화가
오늘의 나를 만들고,
오늘의 화는
미래의 화를 키웁니다.
화 대신 평온을 선택해보세요.
불꽃처럼 타오르기보다
잔잔한 물처럼 머물러 보세요.
그 작은 선택 하나가
삶 전체를 달라지게 합니다.

awareness
오늘 하루, 화가 올라올 때 이렇게 말해보세요.
'나는 지금 평온을 선택할 수 있어.'

DAY
170

생각 내려놓기

미래를 불안해할수록
그 불안은 점점 더 커집니다.
하지만 가만히 들여다보면,
그 불안은 대부분 '상상'일 뿐입니다.
과거의 후회도 마찬가지예요.
이미 지나간 일인데,
생각은 끝없이 붙잡고 놓아주질 않지요.
그렇게 우리는 현실보다 생각 속에
머무는 시간이 더 많습니다.
현재만이 진실입니다.
현실에는 문제가 없습니다.
문제는 언제나 생각 속에 있습니다.

awareness
오늘 하루, 복잡한 생각이 올라올 때 이렇게 말해주세요.
'지금 이 순간만이 진짜야.'

DAY
171

남 같은 나

'나'는 사실, 내 마음대로 할 수 없는
'남'과도 같은 존재입니다.
내 몸의 장기를 내 뜻대로 움직일 수 없고,
떠오르는 감정과 생각조차
내가 온전히 통제할 수 없습니다.
'나'도 결국 '남'과 같다는 것을 인정하면
수많은 내적 갈등이
조용히 사라지기 시작합니다.
남 같은 나,
그 낯선 존재를 조용히 들여다보세요.

awareness

오늘 하루, 마음대로 되지 않는 '나'를
다정한 눈으로 바라봐주세요.

DAY
172

맑은 마음

내 눈앞에 보이는 것은
그저 내 경험으로 보이는 것이지
진짜 실체가 아닙니다.
중요한 건, 경험하는 나의 마음입니다.
내 마음이 맑으면 삶도 선명해지고
불안할 일도, 걱정할 일도,
괴로울 일도 없습니다.
괴로움은 내가 만들어낸 그림자일 뿐,
내 마음이 맑으면
세상은 있는 그대로 드러납니다.

awareness

오늘 하루, 내 마음에 맑은 바람이 스며들도록
조용히 숨을 들이쉬어보세요.

DAY
173

내가 꾸는 꿈

꿈에서 깨어나 보면,
꿈속의 나도 나고,
나와 다투던 사람도 나였으며,
휘황찬란한 배경조차 나였습니다.
그 모든 것이 결국,
나로부터 비롯되었습니다.
나 아닌 것은 어디에도 없었습니다.
만약 지금의 삶도 하나의 꿈이라면,
나는 지금 어떤 꿈을 꾸고 있을까요?
그 꿈은 기쁜가요, 슬픈가요?
그 꿈은 편안한가요, 불편한가요?
분명한 건, 이 삶이라는 꿈의 주인은
바로 '나'라는 사실입니다.

awareness
오늘 하루, 내 삶의 '꿈'을 바라보며 속삭여 보세요.
'이 꿈의 주인은 나야.'

DAY
174

흐르는 마음

나무는 오래된 잎을 떨구고,
뱀은 때가 되면 조용히 허물을 벗습니다.
비 내리던 하늘도
언제 그랬냐는 듯 금세 맑아집니다.
자연은 과거를 붙잡지 않습니다.
머물지 않고, 그저 흘러갈 뿐,
언제나 지금 이 순간을 살아갑니다.
우리의 마음도 자연처럼
묵은 기억을 후두둑 털어내고,
지금 이 순간을 살아가면 좋겠습니다.

awareness

오늘 하루, 오래 머물던 감정이나 기억에게 속삭여보세요.
'그래, 너도 이제 흘러가도 괜찮아.'

DAY
175

하나의 해프닝

우리는 사물을 볼 때,
고정된 대상으로 여기는 경향이 있습니다.
하지만 이 세상에 그대로 머무는 것은
아무것도 없습니다. 지금 이 순간에도
끊임없이 변화하고 있습니다.
하나의 해프닝(happening),
잠시 머물다 흘러가는 사건일 뿐입니다.
쌀을 먹으면 내 몸이 되고,
몸을 이루던 세포는 끊임없이 바뀌고,
늙은 몸은 결국 땅과 공기, 물로 흩어집니다.
세상에 고정된 것이 없다는 걸 알면
붙잡고 집착할 이유도 사라집니다.
집착이 줄어드는 만큼,
삶은 훨씬 더 가벼워집니다.

awareness
오늘 하루, '모든 것은 스쳐가는 해프닝'이라고 여기며
잠시 놓아보세요.

DAY
176

삶의 층위

감정도, 생각도 결국은
나를 이루는 하나의 층위일 뿐입니다.
양파처럼 한 겹 한 겹 쌓인 껍질 같은 것.
내 감정도, 내 생각도, 내 말과 행동도
모두 나를 덮고 있는 것일 뿐,
나의 전부는 아닙니다.
그 모든 레이어를 천천히 들어내면
남는 것은 텅 빈 공간입니다.
하지만 그 비어 있음은
무의미한 공허가 아니라,
무한한 가능성입니다.
아무것도 정해지지 않았기에
나는 언제든
나를 새롭게 그릴 수 있습니다.

awareness

오늘 하루, 내 안의 감정과 생각에게 이렇게 속삭여보세요.
'이것도 나의 한 겹일 뿐이야.'

DAY
177

부정적인 마음

부정적인 생각과 감정을
억지로 멈추려 하지 마세요.
멈추려 하면, 그것과 싸워야 하고,
오랜 습관과 싸워 이기기는 쉽지 않습니다.
싸우는 대신, 그저 온화한 시선으로
조용히 바라봐주세요.
억누르지 말고, 쫓아내려 하지 말고,
그저 흐름을 지켜보세요.
부정적인 마음이
어떻게 생겨나고, 어떻게 사라지는지
그 과정을 알아차려보세요.
알아차림만으로도
마음은 스스로 가라앉을 수 있습니다.

awareness

오늘 하루, 부정적인 마음이 올라온다면
억누르지 말고 다정한 눈빛으로 바라봐주세요.

DAY 178

나의 의도

'나는 이곳에 왜 왔고,
무엇을 찾고 있는가?'
이곳은 지금 내가 머무는 공간일 수도,
지속되는 관계일 수도,
내 안에 자리한 감정이나
의식 상태일 수도 있습니다.
어쩌면 이 질문은 '나는 왜 사는가'라는
삶 전체를 향한 근원적인 물음일지도 모릅니다.
그렇다면, 나는 왜 여기에 있을까요?
무엇을 찾고 있으며,
어디를 향하고 있을까요?
내가 걷는 길의 의도를
분명히 인식하는 순간,
앞이 조금 더 선명해질 수 있습니다.

awareness

오늘 하루, '지금 여기'에 있는 이유를 조용히 물어보세요.
'나는 왜 여기에 있지?'

DAY
179

생각 내려놓기

뭔가 잘못되었다는 생각,
뭔가 불만족스럽다는 생각.
그 생각을 잠시 내려놓아 보세요.
이 순간, 정말 문제가 있나요?
눈을 감고, 지금 이 순간을 느껴보세요.
'지금, 여기'에서 '생각'을 내려놓으면,
훨씬 더 가벼워질 수 있어요.

awareness

오늘 하루, 복잡한 생각이 올라올 때 이렇게 되뇌어보세요.
'지금, 생각을 잠시 놓아보자.'

갈망의 해소

'만족'이라는
느낌을 조용히 들여다보세요.
원하는 음식을 먹고,
갖고 싶던 것을 얻고,
하고 싶던 일을 해도
왜 늘 만족스럽지 않을까요?
만족은 무언가를 '얻는 것'이 아니라,
그것을 향한 '갈망이 사라지는 상태'입니다.
즉, 만족은 충족이 아니라 갈망의 해소입니다.
마음챙김이란 그 갈망 자체를 알아차리고,
조용히 내려놓는 연습입니다.
대상과의 끝없는 술래잡기가 멈출 때,
비로소 우리는 진짜 만족을 마주하게 됩니다.

awareness
오늘 하루, 뭔가를 더 얻으려는 노력보다
이미 충분한 지금을 느껴보세요.

DAY
181

비교라는 독

비교하는 순간,
삶은 불행의 먹이가 됩니다.
비교가 깊어지면,
작은 날개로 큰 하늘을 날려다
지쳐 떨어지고,
남의 기쁨 앞에서
내 삶은 점점 더 초라해집니다.
더 아름다운 사람,
더 잘 사는 사람,
더 행복한 사람…
'더, 더, 더' 속에서
내 삶은 '덜'한 것이 됩니다.

awareness
오늘 하루, 비교가 올라올 때 속삭여보세요.
'나의 삶은 나의 길, 단 하나의 길이야.'

DAY
182

과거와 화해하기

그때는 그게 최선이었습니다.
돌아보면 아쉬움이 남아도,
그때는 그것대로 충분했습니다.
힘들었던 시간도 지나고 나면
나를 키운 시간으로 남습니다.
'과거'라는 오래된 친구를
굳이 불러내어 시비 걸지 마세요.
그 친구는 이미 떠났고,
이제 나에게 관심도 없습니다.

awareness
오늘 하루, 과거의 나에게 이렇게 말해보세요.
'그때도 나름 괜찮았어. 고마워.'

DAY
183

경계 없음

내 방을 이루는 허공과
바깥 하늘의 허공은
본래 하나입니다.
허공 속에 벽을 세워
'내 방'이라 부르고,
그 바깥을 '하늘'이라 부를 뿐이죠.
마음도 그렇습니다.
'나'라는 벽을 허물고 나면,
애초에 아무 경계도 없었다는 것을
조용히 깨닫게 됩니다.

awareness
오늘 하루, 나와 타인 사이에 세운 벽을
살며시 내려놓아보세요.

DAY
184

변하지 않는 마음

물과 물결을 나눌 수 있을까요?
물결이 이는 것도, 잠잠한 것도
결국은 모두 '물'입니다.
마음도 그렇습니다.
슬픔이 일고, 화가 치솟고,
기쁨이 스치고,
허무함이 찾아와도
그 모든 감정을 품고 있는
깊은 마음은 여전히 그대로입니다.
변하는 감정 속에서
변하지 않는 마음을 발견해보세요.

awareness

오늘 하루, 감정이 출렁일 때마다 조용히 속삭여보세요.
'이 감정은 지나가고, 마음은 그대로 있다.'

DAY 185

흙탕물과 마음

흙탕물이 맑아지려면
어떻게 해야 할까요?
그저 가만히 두는 것입니다.
흙은 가라앉고,
물은 저절로 맑아집니다.
마음도 같습니다.
불안하고 복잡한 마음을 해결하려고
생각 위에 또 다른 생각을 쌓는다면
상황은 더 흐려질 뿐입니다.
내면의 갈등은
애씀으로 다스려지지 않고,
알아차림 속에서 조금씩 정리됩니다.

awareness
오늘 하루, 마음이 흐려질 때마다 억지로 걷어내려 하지 말고
저절로 맑아질 수 있도록 조용히 기다려보세요.

DAY 186

파도와 바다

망망대해를 자유롭게 유랑하던
한 줄기 파도가 있었습니다.
바다 위를 달리는 삶은
그 자체로 기쁨이었죠. 그러던 어느 날,
저 멀리 해안 절벽에 부딪혀
사라지는 파도들을 본 순간,
깊은 두려움이 밀려왔습니다.
'멈춰! 절벽이야! 우린 다 사라질 거야!'
파도는 뒤따라오던 다른 파도에게
절박하게 외쳤습니다.
그때, 뒤따르던 파도가 조용히 속삭였습니다.
'무서워하지 마. 우린 파도가 아니라, 바다야.'

awareness
오늘 하루, 흔들리는 감정과 불안 속에서도
내 안의 바다 같은 고요함을 떠올려보세요.

DAY
187

말과 행동

사과를 짜면, 사과즙이 나옵니다.
귤을 세게 쥐면, 귤즙이 흐릅니다.
딸기를 짓이기면, 딸기주스가 됩니다.
압박(pressure) 속에서 드러나는 것,
그것이 바로 그 존재의 '속'입니다.
힘든 상황 속에서
무심코 튀어나온 말, 무의식 중에 한 행동.
그 순간, 나는 나를 보여줍니다.

awareness
오늘 하루, 힘들고 예민한 순간일수록
내 입에서 어떤 '즙'이 나오는지 살짝 지켜봐주세요.

DAY 188

걱정의 거짓말

걱정은 거짓말을 잘합니다.
'이 문제엔 내가 꼭 필요해.'
'네가 날 놓치면 큰일 나.'
하지만 그건, 명백히 거짓입니다.
삶에 정말 필요한 것은
걱정이 아니라 대응입니다.
아직 일어나지 않은 일에
미리 걱정할 필요 없고,
내가 어쩔 수 없는 일에
끝없이 매달릴 이유도 없습니다.
걱정 대신, 지금 할 수 있는 만큼
조용히 대응하면 됩니다.

awareness

오늘 하루, 걱정이 올라올 때, 조용히 말해보세요.
'지금은 걱정하지 말고 대응하자.'

DAY
189

고요 즐기기

혼자 있는 시간에
의식은 가장 깊어집니다.
고요 속에서 읽고, 쓰고, 숨을 고르고,
자신을 다정히 마주할 수 있다면,
그건 정신의 자립입니다.
혼자 있는 시간이 불편하지 않다면,
그는 마음이 자유로운 사람입니다.
혼자 있는 고요 속에서도
끊임없이 스스로와 다투는 사람은,
누군가와 함께 있을 때도
부딪힐 수밖에 없습니다.
고요는 삶의 바탕입니다.
그 바탕을 받아들이는 사람,
그 사람이 진짜 평온을 지닙니다.

awareness

오늘 하루, 단 10분이라도 조용히 혼자 앉아
아무것도 하지 않고 고요를 느껴보세요.

DAY
190

무사하다는 것

몸에 별 탈이 없고, 병이 없는 상태를
우리는 '건강하다'고 말합니다.
특별히 무엇이 있어서 건강한 게 아니라,
아프지 않으면 그것만으로도
충분히 건강한 것입니다.
마음도 같습니다. 늘 기쁘고 설레는 일로
가득 찰 필요는 없습니다.
괴로움이 없고, 별 탈 없이 평온하며,
양심에 걸림이 없는 것,
그것이 바로 마음의 건강입니다.
이런 마음 상태를 우리는
'무사(無事)하다'고 부릅니다.
말 그대로 아무 일이 없다는 것.
그 자체가 가장 깊은 행복입니다.

awareness

오늘 하루, 특별한 일이 없어도 조용히 속삭여 보세요.
'오늘도 무사하니, 참 다행이다.'

DAY
191

의식의 품

의식이 품을 수 없는 것은 없습니다.
두려움, 수치심 같은 고통스러운 감정부터
사랑과 지혜 같은 지고한 가치까지
의식의 품은 그 모두를 담을 수 있는
넉넉한 그릇입니다.
세상은 내가 품는 것을 그대로 되돌려줍니다.
화를 품으면 화날 일이 찾아오고,
욕심을 품으면 욕심부릴 상황이 생기며,
감사를 품으면 감사할 일이 생기고,
사랑을 품으면 사랑할 대상이 다가옵니다.
무엇이든 품을 수 있다면,
좋은 것을 품는 게 좋겠지요.
좋은 것은 나를 지켜주고,
세상과 나 사이를 평온하게 만들어줍니다.

awareness
오늘 하루, 내 마음이 지금 무엇을 품고 있는지
조용히 들여다보세요.

마음의 주인

"마음을 뺏기면 다 뺏기고,
마음을 챙기면 다 얻는다."
옛 스승들은 말했습니다.
모든 경험은 마음에서 시작된다고.
입 안의 맛도, 살결에 스치는 바람도,
누군가의 말에 울컥하는 그 감정도
모두 마음이 인식한 것들입니다.
세상이 아무리 시끄러워도
마음이 듣지 않으면,
그 소리는 들리지 않습니다.
마음의 주인이 되는 순간,
나의 감각은 생동하고,
삶은 온전히 나의 것이 됩니다.

awareness

오늘 하루, 어떤 자극 앞에서도 조용히 되물어보세요.
'지금 이 마음은 어디에 있는가?'

DAY
193

생각과 감정의 동일시

화가 날 때, 우울할 때, 기분이 들뜰 때,
우리는 그 감정에 휘말립니다.
그 순간, 감정이 곧 '나'가 됩니다.
화가 '나'이고, 우울이 '나'이며,
들뜸이 '나의 전부'가 됩니다.
모든 괴로움은
이 자동적인 동일시에서 시작됩니다.
하지만 감정과 '나' 사이에
조금의 거리를 둘 수 있다면,
우리는 감정에 휘둘리지 않고
그저 바라볼 수 있습니다.
알아차리되 끌려가지 않을 때,
마음은 단단해지고,
삶은 조금 더 지혜로워집니다.

awareness

오늘 하루, 감정이 올라올 때 조용히 속으로 되뇌어보세요.
'이건 잠시 머무는 감정일 뿐이야.'

DAY 194

질문하세요

내 생각을 의심하세요.
머릿속에서 조용히 흘러가는 이야기들,
그게 정말 '진실'인지 물어보세요.
추측인지, 기억인지, 해석인지
당연하다고 믿었던 것들에
한 번 더 질문을 던져보세요.
질문은 모든 가능성에 열려 있습니다.
답을 얻기 위해서가 아니라
속박되지 않기 위해서
우리는 질문하는 것입니다.

awareness
오늘 하루, 떠오른 생각 중 하나를 붙잡고 물어보세요.
'정말 그런가?'

DAY 195

깨어 있기

뇌과학자들에 따르면,
현대인은 반쯤 잠든 상태로 살아간다고 합니다.
눈은 떠 있지만,
'생각'이라는 꿈속에 빠져 있기 때문이죠.
생각에 사로잡힌 채
반쯤 잠든 의식으로 살아간다는 건,
지금 이 순간의 경험을
제대로 누리지 못한다는 뜻입니다.
다시 오지 않을 시간을
멍하니 흘려보내는 것만큼
삶에서 더 큰 손실이 있을까요?
온전히 깨어 있을 때, 우리는 후회 없는 삶에
한 걸음 더 가까워집니다.

awareness

오늘 하루, 어떤 순간이든 조용히 물어보세요.
'지금 나는 정말 깨어 있는가?'

DAY 196

성질 바꾸기

불행에 익숙한 마음은
늘 불안하고, 후회로 가득 차기 쉽습니다.
반면, 행복에 익숙한 마음은
좀 더 평온하고, 자유롭게 흐릅니다.
'습성(習性)'이라는 말에는
중요한 진실이 담겨 있습니다.
습관이 쌓이면 성질이 되고,
그 성질이 결국 삶의 방향을 이끌어 갑니다.
하지만 그 반대도 가능합니다.
습관이 바뀌면, 성질도 바뀔 수 있습니다.
사실, 바뀌지 않는 성질은 없습니다.
의식적으로, 반복해서, 천천히
우리는 마음의 방향을 다시 그릴 수 있습니다.

awareness
오늘 하루, 내가 자주 되풀이하는 생각이나 감정을
하나만 조용히 관찰해보세요.

세 가지 약속

본래부터 악한 사람은 없습니다.
어떤 습성이 자라느냐에 따라
사람의 성품도, 삶의 온기도 달라집니다.
오늘, 마음속으로 조용히 다짐해보세요.
'나는 악한 것을 보지 않겠습니다.'
'나는 악한 것을 듣지 않겠습니다.'
'나는 악한 것을 말하지 않겠습니다.'
이 작은 약속 하나가
내 마음을 조금씩 맑고 선하게 만듭니다.

awareness

오늘 하루, 마음을 어지럽히는 말과 소리, 시선을
부드럽게 차단해보세요.

DAY
198

선명해지는 연습

선명해진다는 건
많이 아는 것이 아니라,
분명히 아는 것입니다.
사과 맛을 알기 위해
사과에 관한 글을
끝없이 읽을 필요는 없어요.
한 입 크게 베어 물면,
더 이상의 설명은 필요 없습니다.
삶도 마찬가지예요.
수많은 해석보다 중요한 건,
지금 이 순간을
선명하게 살아가는 일입니다.

awareness
오늘 하루, 지금 이 순간의 감각 하나를
또렷하게 느껴보세요.

DAY
199

뺄셈 명상

사람들이 말하는 나의 모습,
그저 한 조각의 인상일 뿐입니다.
사회가 정해놓은 규범,
주어진 역할은 내 것이 아닙니다.
관계 속에서 정해진 행동,
조건에 따라 달라지는 것은 본질이 아닙니다.
내 이름, 그저 불리는 이름일 뿐입니다.
내 생각, 말, 감정도
시시각각 변하는 것들이니, 나일 수 없습니다.
그렇다면, 내가 아닌 모든 것을 빼보세요.
다 빼고도 남는 것.
변하지 않고, 늘 여기에 있는 것.
그것이 바로 '나'의 본질입니다.

awareness
오늘 하루, '나는 누구인가?'라는 질문 앞에
내 것이 아닌 것들을 하나씩 조용히 내려놓아보세요.

DAY
200

감정에 이름 붙이기

감정에 사로잡혀
후회할 말을 내뱉을 때가 있습니다.
감정을 알아차리지 못한 채
소중한 사람에게 상처를 주고 나서야
뒤늦게 후회하기도 하죠.
감정이 올라올 때,
먼저 감정에 이름을 붙여보세요.
"안녕, 너는 화구나."
"오랜만이네, 섭섭아."
"요즘 자주 오네, 짜증아."
이름을 불러주는 순간,
감정은 친구가 됩니다.

awareness
오늘 하루, 어떤 감정이 올라오든
조용히 이름을 불러주고, 다정히 인사해보세요.

DAY
201

그대로 바라보기

산은 산이고,
물은 물입니다.
복잡한 세상 속에서도
단순하지만 명료하게 바라보는 눈,
그것이 바로 지혜의 시작입니다.
무언가를 판단하거나
바꾸려 애쓰기보다
그저 있는 그대로 바라보는 순간,
세상은 더 깊고 넓게 다가옵니다.

awareness
오늘 하루, 뭔가를 판단하려 들 때, 이렇게 떠올려보세요.
'그저 있는 그대로 바라보자.'

DAY 202

바르게 마음먹기

마음이 향하는 곳에
삶도 따라 흘러갑니다.
의도는 언제나 그에 따른 행동을
데려오기 마련이니까요.
그래서 바른 의도를 세우는 일이
무엇보다 중요합니다.
떠오르는 생각과 감정을
그저 알아차리고,
그 흐름에 휩쓸리지 않는 것.
그것이 자동적인 반응에서 벗어나
의식적인 선택으로 나아가는 첫걸음입니다.

awareness

오늘 하루, 어떤 행동을 시작하기 전에 이 한 문장을 떠올려보세요.
'나는 지금, 어떤 마음으로 이 행동을 시작하는가?'

DAY
203

붙잡지 않을 때

우리는 생각을 붙잡고, 감정을 움켜쥐고,
지나간 경험을 놓지 못해
자신을 괴롭힙니다. 하지만 놓아주는 일은
그 괴로움에서 벗어나는 길입니다.
과거의 후회, 미래의 걱정을 놓을 때,
지금 이 순간에 머물 수 있습니다.
기대와 판단을 내려놓으면,
현실을 더 깊이 받아들일 수 있고,
통제하려는 마음을 내려놓을 때,
삶은 스스로 흐르기 시작합니다.
놓아준다는 건 포기가 아닙니다.
삶을 있는 그대로
온전히 경험하는 일입니다.

awareness

오늘 하루, 무겁게 쥐고 있는 마음 하나를 떠올려보고,
부드럽게 놓아보세요.

머리에서 가슴으로

생각의 미로에서 너무 오래 헤매지 마세요.
진짜 답은 거기에 없습니다.
잠시 눈을 감고, 호흡을 깊이 들이쉬어보세요.
그리고 주의를 천천히 가슴으로 옮겨보세요.
가슴으로 듣고, 가슴에게 물어보세요.
'나는 지금 무엇을 원하는가?'
'이 길은 나에게 진실한가?'
논리가 아닌 직관으로
계산이 아닌 지혜로
그 대답을 들어보세요.
가슴의 속삭임은 작지만
소중한 진실을 담고 있습니다.

awareness

오늘 하루, 가슴이 먼저 반응하는 일 앞에서
잠시 멈춰 서보세요.

DAY
205

네 가지 질문

나에게 자주 물어볼수록,
삶은 더 진실하고 의식적으로 흐릅니다.
마음이 복잡하거나 힘들어질 때,
잠시 멈춰 이렇게 물어보세요.
'지금 나는 무엇을 인식하고 있는가?'
'내 몸과 마음엔 어떤 감각이 있는가?'
'어떤 생각이나 판단이 떠오르는가?'
'나는 그 모든 것에 어떻게 반응하고 있는가?'
이 네 가지 질문은
무의식의 자동 반응에서 벗어나
깨어 있는 삶으로 이끄는 작은 문입니다.

awareness
오늘 하루, 하나의 상황 앞에서
이 네 가지 질문을 조용히 자신에게 던져보세요.

DAY
206

에고의 움직임

에고는 내 안에서 끊임없이 속삭입니다.
'왜 나만 손해를 봐야 해?'
'나는 제대로 인정받지 못하고 있어.'
지금 이 순간을 놓치면,
그 속삭임은 점점 더 커지고,
마음은 불안해지며,
비교하고, 고립되기 시작합니다. 하지만 문득,
'아, 내가 지금 에고에 끌려가고 있구나'
하고 알아차리는 순간,
에고는 조용히 힘을 잃습니다.
마치 어둠이 빛 앞에서 물러나듯
에고는 조용해지고,
진짜 나와 다시 연결됩니다.

awareness
오늘 하루, '나만 옳다'는 생각,
비교하고 불안해하는 마음을 조용히 바라보세요.

DAY 207

마주하기

어려운 상황이 오면,
우리는 그 곁에 머무르지 못합니다.
상황을 탓하거나, 달아나고 싶어집니다.
무언가에 몰두하고, 다른 것에 기대고,
나 대신 해결해 줄 누군가를 찾습니다.
조금이라도 이 고통을 덜 수 있다면,
무엇이든 쥐고 싶어집니다. 하지만,
모든 치유는 도피가 아니라,
마주함에서 시작됩니다.
피하고 싶은 일이 이미 내 앞에 있다면,
지금은 외면할 때가 아니라,
조용히, 마주할 때입니다.

awareness
오늘 하루, 내가 외면하고 있는 감정이나 상황을
조금 더 가까이 바라보세요.

DAY
208

자기정당화의 덫

우리는 마음속에서
끊임없이 자기만의 이야기를 만들어냅니다.
그 이야기가 감정과 결합하는 순간,
그것은 곧 진실처럼 느껴지기 시작하죠.
그때부터 우리는
스스로 만든 이야기 속에 갇히게 됩니다.
시간이 지날수록, 그 이야기의 흐름에 끌려다니며
감정의 노예가 되어갑니다.
가끔은 자신에게 조용히 물어보세요.
'내가 지금 믿고 있는 이 생각,
과연 100퍼센트 진실일까?'
그 물음 하나가, 우리를 이야기 바깥으로
조용히 데려다줍니다.

awareness
오늘 하루, 감정이 거세게 일어날 때
그 감정을 정당화하는 이야기를 조용히 의심해보세요.

소란스러운 마음

소란스러운 마음은 진흙탕 같습니다.
그 마음을 가라앉히려 애쓸수록
진흙탕은 더 흐려지고 탁해지지요.
그저 내버려 두세요.
아무것도 하지 말고,
조용히 지켜보기만 하세요.
그러면 무겁고 탁한 것들은
천천히, 제자리로 가라앉습니다.
마음은 본래 맑고 투명한 물이었습니다.
그저 바라보는 것만으로도
다시 맑아질 수 있습니다.

awareness
오늘 하루, 마음이 소란해질 때
애쓰기보다 조용히 지켜보는 연습을 해보세요.

DAY
210

잘못에 대한 책임

살다 보면 누구나 잘못할 수 있어요.
나도 모르게 누군가에게 상처를 주거나
해가 되는 선택을 할 수도 있지요.
괜찮습니다.
우리는 완벽하지 않기에 실수합니다.
중요한 건, 그 실수에 대해 책임지는 마음입니다.
회피하지 않고 마주할 줄 아는 용기.
그 용기야말로 우리를 성숙하게 만듭니다.
책임지지 않은 잘못은 반복되고,
책임진 잘못은 배움이 됩니다.

awareness

오늘 하루, 최근 실수나 불편했던 행동을 떠올려보고 다짐해보세요.
'나는 내 선택에 책임질 수 있어.'

DAY 211

인토

옛사람들은 세상을 인토(忍土)라 불렀습니다.
'참을 인', '흙 토'. 참아야 살아갈 수 있는 땅,
그것이 우리가 딛고 있는 삶의 현실입니다.
우리는 화를 참지 못해 상처를 주고,
욕망을 이기지 못해
엉뚱한 선택을 하기도 합니다.
백 날을 참았다가
하루를 못 참아 무너지는 일도 있지요.
하지만 인내란 마냥 누르는 것이 아닙니다.
억누르기만 하면,
언젠가 반드시 터지게 됩니다.
진짜 인내는 감정을 회피하지 않고,
정직하게 마주하는 힘입니다.

awareness

오늘 하루, 감정이 올라오는 순간, 차분히 말해보세요.
'지금 이런 감정이 올라오는구나.'

DAY
212

인식하지 못한 화

"정당한 화는 없다."
마음챙김의 고수, 석가모니의 말입니다.
이 말은 불의를 참으라는 뜻이 아닙니다.
어떤 상황에도 평정심을 잃지 말라는 뜻입니다.
세상을 바꾼 것은 분노가 아니라,
자비로운 결단이었습니다.
불의 앞에서 내 안에 불길이 치솟을 때,
그건 정당한 분노이기 전에 그저 '화'입니다.
그 화를 인식하지 못하면, 화는 칼이 되고,
결국 나와 타인을 모두 다치게 합니다.
분노는 분노로 멈추지 않고,
자비에 의해 멈춥니다.

awareness

오늘 하루, 화가 치밀어 오를 때, 그 마음 한가운데,
작은 자비 하나 조용히 놓아보세요.

DAY 213

빅뱅의 순간

내가 세상을 인식하는 순간,
비로소 세상은 펼쳐집니다.
내 시선이 머무는 곳마다
내 의식이 닿는 곳마다
새로운 우주가 터져 나옵니다.
세상을 끝없이 펼쳐내고 있는 '나'를
조용히 인식해보세요.
모든 순간이 빅뱅입니다.
내가 곧 빅뱅입니다.

awareness

오늘 하루, 내가 만들어내는 '작은 우주'를
깊이 들여다보세요.

DAY
214

생각의 파동

우주는 거대한 파동의 장,
수많은 진동이 공존하는 공간입니다.
비슷한 파동은 서로를
끌어당기고, 더 강하게 울립니다.
생각도 파동입니다.
기분 좋은 생각과 기분 나쁜 생각은
서로 다른 파장을 우리 뇌에서 내보냅니다.
내가 가진 고유한 주파수,
그것이 세상의 어떤 파동과 공명할지는
지금 내가 떠올리는
'한 생각'에 달려 있습니다.

awareness

오늘 하루, 어떤 생각으로 무엇과 공명하고 있나요?
차분히 생각해보세요.

DAY
215

시그널

몸이 아플 때, 우리는 그 고통을 통해
돌봄이 필요하다는 신호를 받습니다.
통증은 몸이 우리에게 보내는
자비로운 시그널입니다.
삶도 마찬가지입니다.
괴로움이 있다면,
지금 이대로는 안 된다는
변화의 신호가 이미 켜진 것입니다.
고통을 억지로 참지 마세요.
억누르거나 외면하지 마세요.
삶이 보내는 그 신호에
조용히 주의를 보내주세요.

awareness

오늘 하루, 마음이 불편한 순간이 있다면
그 감정이 전하려는 메시지를 놓치지 마세요.

DAY
216

관념과 현실

우리는 종종 관념(concept)과 현실(reality)을
혼동하며 살아갑니다. 하지만 엄밀히 말해,
눈앞의 지금 이 순간만이 진짜 현실입니다.
후회는 과거라는 관념이 만든 감정,
불안은 미래라는 관념이 만든 감정입니다.
모두 지금 여기에 없는 것들입니다.
마음이 흔들릴 때,
자신에게 이렇게 물어보세요.
'나는 지금 현실을 살고 있나,
아니면 관념을 살고 있나?'

awareness

오늘 하루, 마음이 흔들릴 때 이렇게 속삭여보세요.
'지금 나는, 관념이 아닌 현실을 살고 있어.'

DAY
217

그대로 바라보기

내 앞에는 이미 모든 것이 있습니다.
행복도, 자유도, 평온도.
모두 지금 이 자리에 존재합니다.
분별의 눈을 거두고,
있는 그대로 바라볼 수 있다면,
진실은 언제나
지금 여기에서 빛나고 있습니다.
색안경을 벗고,
나만의 프레임도 벗고,
세상을 있는 그대로 받아들일 때,
모든 것은 그 자체로 온전합니다.

awareness

오늘 하루, 무엇이든 '좋다/나쁘다' 판단하지 말고
있는 그대로 3초 동안 바라보세요.

DAY
218

흘려보내기

생각과 감정을
그저 자유롭게 흘러가게 해주세요.
애써 붙잡지 않아도,
억지로 밀어내지 않아도 괜찮습니다.
흘려보낸다는 건
거부하는 것이 아니라,
그저 다정히 함께 있어주는 것입니다.
조용한 시선으로 바라보면
생각도, 감정도
잠시 머물다 자연스레 지나갑니다.

awareness
오늘 하루, 잠시 머무는 생각이나 감정이 있다면 속삭여보세요.
'그래, 너도 그냥 흘러가면 돼.'

DAY
219

삶의 한 조각

삶의 경험에는
좋은 것도, 나쁜 것도 있습니다.
기쁨을 맛보는 날이 있는가 하면,
슬픔을 삼키는 날도 있고,
불안과 감탄이 교차하는 순간도 있습니다.
우리는 좋은 경험만을 원하지만,
삶은 언제나 다양한 얼굴로 우리를 찾아옵니다.
좋은 것만 고집하지 않고,
아픈 순간 또한 삶의 일부로 받아들일 때,
우리는 깊고 넉넉하게
삶을 껴안을 수 있습니다.
모든 경험을 삶의 한 조각으로 받아들이는 것,
그것이 진짜 삶을 살아내는 일입니다.

awareness
오늘 하루, 좋은 일이든 나쁜 일이든 마음속으로 말해보세요.
'이것도 내 삶의 한 조각이야.'

DAY
220

헛된 희망

인생은 때때로
희망과 착각의 반복입니다.
자기가 자기를 속이며 애쓰며 살아가지만
끝내 떠나고 나면,
남는 건 한 줌의 재일 뿐이죠.
삶이 허무하지 않으려면,
헛된 희망을 좇기보다
지금을 오롯이 살아야 합니다.
그것이야말로
진짜 나를 위한 삶입니다.

awareness
오늘 하루, 허무한 생각이 들 때 속삭여보세요.
'지금 이 순간, 나에게 주어진 삶을 온전히 살아내자.'

일인칭 시점

우리는 모두
하나의 이야기 속을 살아갑니다.
그 이야기의 화자는
언제나 1인칭, '나'입니다.
명상이란, 이 1인칭 시점을
잠시 3인칭으로 바꿔보는 일입니다.
때로는 '나'라는 이야기책을
살며시 덮어두는 일이기도 합니다.
그리고 조용히 자각하게 됩니다.
'나'라는 이야기 바깥에도
더 넓은 세상이 있다는 것을.

awareness

오늘 하루, 내 생각과 감정이 올라올 때마다 바라보세요.
'아, 지금 이런 생각과 감정이 지나가고 있구나.'

DAY
222

마음의 길

지금, 내 마음에 무엇이 머물고 있나요?
내가 품고 있는 그것이
곧 내 삶이 됩니다.
무언가를 오래 품으면
그것에 마음이 길들고,
길들여진 마음은
그 방향으로 삶을 이끌어갑니다.
마음이 내는 길을 따라,
삶은 스스로 길을 엽니다.
지금 나는 어떤 마음으로
내 삶을 길들이고 있나요?

awareness

오늘 하루, 마음속에 가장 오래 머문 감정을 살펴보세요.

DAY
223

마음의 습관

자주 하는 생각은
어떤 형태로든 마음에 남습니다.
우울한 생각이 많으면,
같은 상황에도 더 쉽게 우울해지고,
화가 많은 마음은,
사소한 일에도 더 쉽게 격해집니다.
반복된 생각은 습관이 되고,
습관은 성향이 되며,
성향은 삶의 질감을 만듭니다.
그 마음의 습관은
어느새 무의식적인 행동이 되고,
그 행동은 내 삶을 이룹니다.

awareness

오늘 하루, 내가 반복하는 생각 하나를 살펴보고,
그 생각이 나를 어디로 데려가고 있는지 조용히 느껴보세요.

DAY
224

조용해질수록

조용해질수록,
더 많은 것이 들려옵니다.
내면 깊은 곳에서 울리는
섬세한 신호까지도.
조용해질수록
삶은 더 선명해집니다.
복잡했던 마음이 가라앉고,
해야 할 말과 멈춰야 할 말이 드러나면서.
조용해질수록,
깊은 울림이 느껴집니다.
말보다 더 깊은 차원에서
들려오는 진짜 목소리를.

awareness
오늘 하루, 단 1분이라도 조용히 머물러보세요.
그리고 내면에서 들려오는 작은 목소리에 귀 기울여보세요.

DAY
225

자의식의 늪

진정으로 즐거울 때,
우리는 자신을 거의 의식하지 않습니다.
아름다운 풍경에 눈이 머물고,
깊은 음악에 귀가 잠기며,
따뜻한 대화에 마음이 스며들 때,
'나'라는 존재는 잠시 잊히고,
그 순간에 온전히 몰입하게 됩니다.
반대로 자의식에 사로잡히면
우리는 점점 외로워집니다.
'나는 괜찮은가?' '지금 내가 어떻게 보일까?'
이런 생각이 꼬리를 물고 이어질수록
세상과의 연결은 끊어지고,
마음은 점점 좁아집니다.

awareness
오늘 하루, 산책 중 풍경에 집중하거나, 음악을 들을 때
들려오는 소리에 귀 기울여보세요.

DAY 226

고통을 안아줄 때

괴로움에 마음을 열수록
괴로움은 조금씩 작아집니다.
고통을 정면으로 마주할수록
그 무게는 가벼워집니다.
도망치지 않고, 회피하지 않고
그저 인정해 주세요.
있는 그대로 받아들이면
마음은 더 넓어지고 자유로워집니다.
생각을 덧대지 않고
고통을 조용히 바라보면,
도망칠 필요도, 휘둘릴 이유도 사라집니다.
고통은 이겨내야 할 대상이 아니라,
품어야 할 감정입니다.

awareness
오늘 하루, 불편한 감정이 찾아오면
그 마음을 조용히 안아주세요.

GROW

Day 227~286
성장하는 나
조용한 하루 속에서도 마음은 자랍니다.

DAY
227

가슴 뛰는 일

가슴이 뛰지 않으면
아무것도 할 수 없어요.
활기찬 하루도,
주고받는 눈빛도,
즐거운 대화도,
살아 있다는 지금 이 느낌도.
가슴이 시키지 않으면
아무것도 할 수 없어요.

awareness
오늘 하루, 가슴이 움직이는 일을
작게라도 따라가보세요.

DAY
228

어제의 나보다

어제의 나보다
조금 더 나아지고,
조금 더 선해지고,
조금 더 지혜로워지고,
조금 더 평온해지고,
조금 더 행복해졌다면,
오늘은 대성공입니다.
그것이면 충분합니다.
나는 잘 살아내고 있습니다.

awareness

오늘 하루, 어제의 나보다 한 가지 더 나아진 점을
조용히 떠올려보세요.

DAY
229

하루의 리듬

나의 하루에도 리듬이 필요해요.
하루종일 몰아붙인다고
되는 것도 아니고,
아예 쉬기만 한다고
회복되는 것도 아니에요.
몰입과 이완이 교차하는 시소 타기.
그 적절한 균형으로 하루를 가꿔보세요.
멈추고 나아가고, 집중하고 놓아주는
조율의 기술.
하루를 잘 연주해보세요.
살아 있는 리듬으로
하루가 춤추기 시작할 거예요.

awareness
오늘 하루, 너무 몰아붙였다면
잠깐 멈춰서 호흡의 리듬을 느껴보세요.

DAY
230

무한한 가능성

현실에는 무한히 많은 색이 존재합니다.
잎사귀도 나고 자라며 떨어지기까지
수없이 많은 빛깔을 거칩니다.
초록, 갈색, 몇 개의 단어만으로는
그 모든 변화를 다 담을 수 없습니다.
시시각각 변해가는 하늘빛도
'하늘색'이라는 이름으로 다 표현할 수 없죠.
세상의 소리도 그렇습니다.
도, 레, 미, 파, 솔, 라, 시— 일곱 개의 음으로
무한한 현실을 다 담을 수 없습니다.
세상이 이렇게 풍성하듯,
내 안에도 말로 다 표현할 수 없는
무한한 가능성이
조용히 흐르고 있습니다.

awareness

오늘 하루, 주변의 색과 소리를 이름 붙이지 말고,
조용히 느껴보세요.

DAY
231

선택의 주도권

주어진 조건은
어쩔 수 없는 일일지도 모릅니다.
하지만 그 안에서도 나는 언제나
더 나은 선택을 할 수 있어요.
바깥세상의 일은 내 마음대로 되지 않지만,
내 마음과 태도는
엄연히 나의 영역입니다.
어떠한 순간에도 평온을 선택하세요.
행복을 선택하세요.
선택의 주도권은
언제나 나 자신에게 있습니다.

awareness
오늘 하루, 작은 것 하나라도
나를 위한 것을 선택해보세요.

DAY
232

균형의 기술

삶은 자전거와 같습니다.
멈추면 쓰러지고,
달리면 비로소 균형이 잡힙니다.
너무 빨라도 흔들리고,
너무 느리면 멈춰버리죠.
빠름과 느림 사이,
나만의 리듬을 찾으세요.
조금씩 앞으로,
흔들리더라도,
넘어지지 않게,
균형을 맞추며 나아가면 됩니다.

awareness
오늘 하루, 너무 앞서거나 뒤처진 마음이 있다면
조용히 속도를 조절해보세요.

완벽한 타이밍

완벽한 타이밍은 없습니다.
피곤하지 않을 날을 기다리며
운동을 미루고,
마음의 준비가 될 때까지
대화를 미루고,
특별한 날짜가 오기를 기다리며
결심을 미루기도 합니다.
하지만 미뤄서 잘되는 일은 없습니다.
조금 서툴러도 괜찮습니다.
불완전해도 괜찮습니다.
지금 이 순간, 마음먹는 이 순간이
가장 완벽한 타이밍입니다.

awareness
오늘 하루, 계속 미뤄왔던 무언가가 있다면 말해보세요.
'지금이 바로 그때야.'

DAY
234

변화 바라보기

무엇이 오고,
무엇이 가든,
그저 조용히 허락해 주세요.
상황이 바뀌고,
시절이 흘러가고,
사람이 달라지는 것,
변화는 언제나 진실입니다.
흐르는 강물을 바라보듯,
좋고 나쁨을 가르지 않고
그저 변화 그 자체를 허용해보세요.
저항하지 않을 때,
변화는 더 이상 두려움이 아니라
삶의 자연스러운 일부가 됩니다.

awareness

오늘 하루, 내 안과 밖에서 일어나는
작은 변화들을 가만히 바라보세요.

DAY
235

괴로움의 덩치

괴로움은 받아들일 때
가장 빠르게 사라집니다.
'왜 나에게 이런 일이 일어났을까?'
'어떻게 하면 이 고통이 빨리 사라질까?'
괴로움을 밀어내려는 순간,
괴로움은 더 커집니다.
괴로움은 생각보다 작습니다.
우리를 더 괴롭게 하는 건,
괴로움 자체가 아니라
그에 대한 생각입니다.
괴로움과 싸우지 말고,
그저 조용히 바라보세요.
받아들이는 그 순간,
괴로움은 조용히 작아집니다.

awareness

오늘 하루, 괴로움이 올라오면 조용히 이렇게 말해주세요.
'그래, 지금 이 마음도 괜찮아.'

마음껏 경험하기

살다 보면 잘 풀릴 때도 있고,
뜻대로 되지 않을 때도 있습니다.
인생은 좋기만 하지도,
나쁘기만 하지도 없습니다.
그래서 유쾌한 순간이든,
유쾌하지 않은 순간이든
그저 온전히 경험하는 연습이 필요합니다.
기쁨도, 괴로움도, 실패도, 감탄도
모든 순간이 사실은
깨달음의 기회입니다.

awareness
오늘 하루, 무엇이 찾아오든 피하지 말고, 억누르지 말고,
그저 마음껏 경험해보세요.

삶과 발맞추기

삶은 끊임없이 싸워 이겨야 하는
생존 게임이 아닙니다.
삶은 감싸 안아야 할,
바로 '나' 자신입니다.
삶을 억지로 극복하려 들지 마세요.
삶과 대결하는 대신,
삶과 함께 발맞추어 걸어가 보세요.
때로는 빠르게, 때로는 느리게,
삶이 이끄는 리듬에 몸을 맡겨보세요.
그 순간, 삶은 적이 아니라 친구가 됩니다.

awareness
오늘 하루, 예상치 못한 일이 생겼을 때
'이것도 삶의 일부야' 하고 조용히 속삭여보세요.

DAY
238

끝과 시작

애벌레의 죽음은
나비의 탄생입니다.
무언가 사라지는 순간,
어김없이 새로운 것이 태어납니다.
끝과 시작은
멀리 떨어진 것이 아니라,
늘 맞닿아 있습니다.
끝이 아쉬운 순간에도,
시작이 다가오고 있습니다.

awareness
오늘 하루, 어떤 끝맺음 앞에 서 있다면
그 끝이 곧 새로운 시작임을 알아차려보세요.

DAY 239

사소한 성공

실패를 통해 배울 수도 있지만,
작은 성공을 통해 배우는 것이
더 많을지도 모릅니다.
큰 성취는 멀게 느껴질 때가 많지만,
아침에 제시간에 일어난 일,
해야 할 일을 마친 순간,
망설이다가 용기 내어 한 걸음 내디딘 경험처럼
그런 사소한 성공 하나가
내 마음에 자신감을 심어줍니다.
작은 성공을 해본 사람은
다시 시작할 용기를 가집니다.

awareness

오늘 하루, 무언가 작고 사소한 것들 중에 한 가지를
조용히 실천해보세요.

DAY
240

조용한 확신

큰 나무를 쓰러뜨리려면
수십 번, 수백 번의 도끼질이 필요하듯,
오늘 당장,
무언가를 이루지 않아도 괜찮습니다.
오늘은 그저,
몇 번의 도끼질이면 충분합니다.
넘어뜨리진 않아도,
흔들리게 할 수는 있으니까요.
조용한 확신으로
차근차근 나아가세요.

awareness
오늘 하루, 결과보다 지금 내가 해내고 있는 한 걸음을
조용히 떠올려보세요.

DAY
241

선택의 가능성

지금 이 순간,
나는 수많은 선택의 결과 위에 서 있습니다.
그리고 오늘, 아직 선택되지 않은
수많은 가능성이
조용히 나를 기다리고 있습니다.
작은 생각 하나, 작은 행동 하나에도
삶의 방향은 조금씩 달라집니다.
아무렇지 않게 흘러가는 하루에도
작고 의미 있는 선택들이 숨어 있습니다.
오늘도 내 안에는
새로운 가능성의 문이 열려 있습니다.
그 문을 어떻게 열지는
지금 이 순간, 나의 선택에 달려 있습니다.

awareness
오늘 하루, 내게 열려 있는 작은 선택들을
다정한 마음으로 바라봐주세요.

DAY 242

간절했던 꿈

어떤 꿈이든
마음대로 꿀 수 있다면,
어떤 꿈을 꾸고 싶나요?
혹시 지금 이 삶이,
내가 가장 간절히 바랐던
아주 오래된 꿈은 아닐까요?
때로는 기쁘고, 때로는 막막하고,
때로는 전혀 뜻대로 흘러가지 않지만,
이 모든 장면이 내 안 깊은 곳 어딘가에서
오래전부터 소망해왔던 이야기일지도 모릅니다.

awareness
오늘 하루, 지금 이 삶이라는 꿈을 부드럽게
들여다보며 걸어보세요.

DAY
243

조금씩 나아가기

어제보다 조금 더,
사랑을 표현해보세요.
조금 더,
정의를 실천해보세요.
조금 더,
배려를 건네보세요.
조금 더,
지혜를 펼쳐보세요.
멀리 가려 애쓰지 않아도 괜찮습니다.
내가 가야 할 길은 단 하나,
조금씩 더
나아가는 길입니다.

awareness

오늘 하루, 어제보다 더 나은 선택을
단 하나라도 실천해보세요.

DAY 244

삶의 용도

칼은 착할까요, 악할까요?
의사의 손에선 생명을 살리고,
강도의 손에선 누군가를 위협합니다.
칼은 본래 착하지도, 나쁘지도 않습니다.
그저 어떻게 쓰이느냐에 따라 달라질 뿐입니다.
삶도 그렇습니다.
정해진 운명도, 미리 정해진 용도도 없습니다.
내 안의 재능, 힘, 마음.
이것들이 어디로 흐르고
어떻게 쓰이느냐에 따라
삶은 전혀 다른 이야기가 됩니다.
그래서 우리는 삶을 잘 써야 합니다.

awareness
오늘 하루, 내가 가진 능력과 마음이
어디에 쓰이고 있는지 살펴보세요.

DAY
245

격랑에 대처하기

다가오는 파도를 막을 수는 없지만,
파도 타는 법은 배울 수 있어요.
삶의 고난은
언제나 내 곁에 있습니다.
그 고난은 바깥에서 오기도 하지만,
많은 경우 내 안에서 시작됩니다.
생각도, 감정도 크고 작은 파도입니다.
피하려 하기보다,
그 파도를 타는 법을 익혀보세요.
어떤 파도든 익숙해질수록
덜 두렵고, 덜 흔들리게 됩니다.
잘 타기만 하면,
두려울 파도는 없습니다.

awareness

오늘 하루, 힘든 감정이 올라올 때 다정히 말해보세요.
'이건 파도야. 지금 나는 파도 위에 있어.'

DAY 246

견디지 말아요

가장 무서운 고통은
'견딜 만한' 고통입니다.
도저히 참을 수 없을 땐
사람은 어떻게든 움직입니다.
하지만 견딜 만하면
그저 참고, 버티며 살아가게 됩니다.
'조금만 더, 조금만 더…'
스스로를 달래며 하루를 넘기다 보면,
몸도 마음도 서서히 지쳐가고
상처는 어느새 삶의 일부가 되어버립니다.
작은 괴로움이라도
그때그때 조용히 바라봐주세요.
외면하지 않겠다는 다짐,
그것이 마음챙김의 시작입니다.

awareness

오늘 하루, '견딜 만하니까' 하고 넘긴 감정이 있다면
작게라도 들여다보세요.

DAY
247

불태우지 마세요

늘 한결같이 열심히 사는 건
때로 위험할 수 있어요.
그 열심이 계속될수록
일상은 조금씩 무거워지고,
그 무게는 언젠가 숨을 막히게 합니다.
체력은 줄고, 마음도 예전 같지 않을 때,
작은 일도 크게 느껴지고
도망치고 싶은 순간이 많아집니다.
도망칠 수 있다면 다행이지만,
그럴 수 없다면 번아웃이라는
벽을 마주하게 됩니다.
하얗게 불태우지 마세요.
느긋하게, 한숨 쉬어가도 괜찮습니다.
쉼은 멈춤이 아니라,
다시 살아가기 위한 준비입니다.

awareness
오늘 하루, 너무 열심히 달리는 나에게 속삭여 주세요.
'괜찮아, 지금은 쉬어도 돼.'

DAY
248

어려운 일

어려운 일은 사실 없습니다.
그저, 낯설 뿐입니다.
쉬운 일도 따지고 보면 없습니다.
그저, 익숙할 뿐입니다.
애써 이겨내려 하지 마세요.
그저, 천천히 익숙해지면 됩니다.

awareness

오늘 하루, '어렵다'는 말이 떠오를 때 이렇게 말해보세요.
'아직 낯설 뿐이야. 곧 익숙해질 거야.'

DAY
249

매일의 연습

무엇이든 반복하면 쉬워집니다.
수영도, 달리기도, 악기 연주도, 책 읽기도
반복할수록 몸에 익고,
마음은 점점 편안해집니다.
삶도 마찬가지예요.
하루하루 반복되는 일상이
쌓이고, 또 쌓여서
삶은 조금씩 수월해지고
조금씩 더 따뜻해집니다.
행복도 그렇습니다.
한 번의 감정이 아니라,
매일매일 연습하는 삶의 태도입니다.

awareness
오늘 하루, 조용히 자신에게 이렇게 건네보세요.
'행복해지기 위한 연습 중이야.'

DAY
250

뚜벅뚜벅

목표를 정했다면,
이제부터는 마음을 믿지 마세요.
"계속할까, 말까?"
마음은 매일 흔들리고,
그 소리는 날마다 달라집니다.
그 마음의 소리에
너무 큰 권위를 주지 마세요.
중요한 건, 목표를 향해
뚜벅뚜벅 걸어가는 실천입니다.
매일의 발걸음에 힘을 실어주세요.
그것이면 충분합니다.

awareness

오늘 하루, 마음이 흔들릴 때 이렇게 속삭여보세요.
'생각하지 말고, 그냥 걸어가자.'

DAY
251

씨앗과 꽃

활짝 핀 꽃이 아름답다면,
그 꽃이 피기 전의 작고 조용한 씨앗은
덜 아름다울까요?
누구나 감탄하는 큰 나무도
한때는 아주 작은 씨앗이었습니다.
지금의 내가 작다고 해서
가볍게 여길 이유는 없습니다.
꽃이 되기 위해
씨앗이 존재하는 것이 아닙니다.
씨앗은 씨앗대로
이미 충분히 아름답습니다.

awareness
오늘 하루, 내가 있는 이 자리가 이미 아름다운 씨앗임을
조용히 느껴보세요.

DAY
252

그냥 해보기

해야 할지, 말아야 할지
고민할 때가 있습니다.
그럴 땐, 그냥 해보는 편이 낫습니다.
고민만으로는
아무것도 달라지지 않지만,
행동은 상황을
조금 더 선명하게 보여줍니다.
해보고 나면 확신이 생기고,
확신으로 내리는 선택은 후회를 덜 남깁니다.
의심 속에서 맴도는 대신,
직접 경험하며 나아가 보세요.
의심의 에너지를 체험의 에너지로
살짝만 바꿔보면 됩니다.

awareness
오늘 하루, 망설이고 있던 일 하나를
그냥 가볍게 해보세요.

DAY
253

떠날 준비

더 넓은 존재로 나아가기 위해서는
지금 이 자리, 익숙한 나를 먼저 통과해야 합니다.
태아가 자궁을 떠나야 세상에 발을 딛고,
새끼 새가 알을 깨야 하늘을 보며,
나비는 번데기를 벗어나야
비로소 날 수 있습니다.
나에게도 넘어서야 할
'나만의 세계'가 있습니다.
오래된 생각, 익숙한 감정,
나를 가두던 모든 경계들.
이제는 그 모든 것으로부터
떠날 준비를 해야 합니다.

awareness

오늘 하루, 더는 머물 수 없는 익숙함을
조용히 들여다보세요.

DAY
254

연약함의 힘

단단한 나무는
태풍이 몰아치면 부러져 쓰러집니다.
하지만 연약한 갈대는
몸을 낮추고 바람을 따라 눕습니다.
그러다 바람이 지나간 후,
조용히 다시 일어섭니다.
부드러움이 단단함을 이깁니다.
강하게 맞서다 보면
삶이 부러질 수 있습니다.
때로는 오롯이 흔들려보세요.
그 연약함 속에
진짜 강함이 숨어 있습니다.

awareness

오늘 하루, 부드럽게 흔들리는 나를
그대로 허용해보세요.

DAY
255

인내의 씨앗

변화는 천천히 찾아옵니다.
너무 느려서 아무 일도 일어나지 않는 듯
느껴질 때도 있죠.
하지만 농부는 알고 있습니다.
땅속에서 조용히 자라나는
뿌리의 힘을.
보이지 않는 곳에서 피어나는
성장의 신비를.
인내는 결과보다 과정을
믿는 법을 가르쳐줍니다.
오늘도 한 걸음,
작지만 단단한 걸음을 내딛어보세요.
그 작은 움직임들이 쌓여
언젠가 풍성한 열매가 되어
돌아올 것입니다.

awareness

오늘 하루, 보이지 않는 내면의 성장을 믿어보세요.
작은 인내가 깊은 뿌리가 되어줄 것입니다.

초심의 새벽

초심은 새벽과 닮았습니다.
매일 아침, 세상은 새롭게 태어나고,
내 마음도 그 빛을 따라
조용히 깨어납니다.
초심은 익숙한 것에서
새로운 눈을 열어줍니다.
늘 보던 풍경에서 처음처럼 놀라고,
일상의 작은 순간에서
깊은 감동을 발견하게 해줍니다.

awareness

오늘 하루, 가장 익숙한 것 하나를
처음 보는 마음으로 조용히 바라보세요.

DAY
257

애쓰지 않는 지혜

호흡을 바라봅니다.
들어오고 나가는 숨결이
내 의도와 상관없이 자연스럽게 이어집니다.
심장은 쉼 없이 뛰고,
혈액은 온몸을 돌며
조용히 내 생명을 지켜줍니다.
명령하지 않아도
완벽히 작동하는 삶의 리듬이
이미 내 안에 있습니다.
마음도 그렇게 조용히 맡겨보세요.
애쓰지 않고 지켜볼 때,
비로소 지혜가
내 안에서 천천히 피어납니다.

awareness
오늘 하루, 아무것도 바꾸려 하지 말고,
그저 있는 그대로 호흡과 마음을 지켜보세요.

DAY
258

오늘을 살아내기

지난날의 선택을 떠올리며
한숨짓지 마세요.
그때의 나는 그만큼만 알고 있었고,
그 안에서 최선을 다했을 뿐입니다.
아쉬움이 남더라도, 그 모든 순간이
지금의 나를 만들어주었습니다.
고요히 잠든 과거를
억지로 깨우려 하지 마세요.
나는 지금, 오늘을 살아내는 중입니다.
그것이면 충분합니다.

awareness
오늘 하루, 나에게 말을 걸어보세요.
'지금의 나도 괜찮아. 나는 오늘을 살아내는 중이야.'

DAY
259

유연하지만 강인하게

이성에 갇혀 있으면,
우리는 유연함을 잃은 단단한 다리처럼 됩니다.
조금만 흔들려도 버티지 못하고
태풍 앞에서 무너지고 맙니다.
이성만으로는
삶을 온전히 살아갈 수 없습니다.
때로는 비이성적인 것조차
허용할 줄 알아야 합니다.
유연함은 약함이 아닙니다.
흔들리되 쓰러지지 않는 갈대처럼,
그것은 또 다른 형태의 강인함입니다.
삶의 폭풍을 견디려면
조금의 느슨함이 필요합니다.

awareness
오늘 하루, 조금 흔들려도 괜찮다는 여유를 허락하고,
지나친 긴장을 내려놓아 보세요.

DAY
260

확장된 자아

인간은 잊지 말아야 합니다.
자신도 자연의 일부라는 사실을.
새도, 다람쥐도, 산과 바람도,
모두 자연의 또 다른 얼굴이며,
우리 역시 그 안에 놓인 하나의 존재입니다.
이 단순한 진실을 잊는 순간,
우리는 우리의 기술로
우리의 집을 스스로 무너뜨리게 됩니다.
자연은 나의 확장된 자아입니다.
나무를 보호하는 일,
강을 지키는 일,
숨 쉬는 바람을 아끼는 일은,
결국 나 자신을 지키는 일입니다.

awareness

오늘 하루, 하늘과 나무, 바람과 물을
내 몸의 일부처럼 느껴보세요.

그대로 나아가기

혹시 두려움 때문에
더 나은 '나'가 되려고 애쓰고 있진 않나요?
그 두려움 속에서
지금의 나는 외면당한 채,
어딘가로 몰아붙이고 있진 않나요?
먼저, 지금 이 순간의 나를
따뜻하게 안아주세요.
그 위에 피어나는 변화는
더 가볍고, 더 부드럽고,
무엇보다 더 즐거워집니다.

awareness

오늘 하루, 지금 이 모습 그대로도 괜찮다는 말을
내 마음속에 속삭여 보세요.

DAY
262

무너지더라도

무너지고, 또 무너지는
순간들 속에서 우리는 마침내
무너지지 않는 무언가를 발견하게 됩니다.
그것이 바로 나의 중심입니다.
어떤 일이 있든 그저 조용히,
지금의 나를 알아차려보세요.
그 순간, 나의 중심은
다시 제 자리를 찾아갑니다.

awareness

오늘 하루, 무너질 듯한 순간이 온다면 나에게 말해주세요.
'지금도 괜찮아. 나는 여전히 나로서 존재하고 있어.'

DAY
263

직면하는 용기

피하던 현실과 마주하는 순간,
그 아픔은 더 선명하게 다가옵니다.
하지만 이것은 후퇴가 아닙니다.
환상의 안개가 걷히고,
진실의 빛이 조용히 드리워지는 시간입니다.
이제 선택할 시간입니다.
도피가 아닌 직면을,
회피가 아닌 수용을.
그 용기 속에서
더 단단한 나를 만나게 됩니다.

awareness
오늘 하루, 내가 외면하고 있는 진실은 무엇인지
조용히 떠올려보세요.

DAY
264

성장하는 뇌

우리의 뇌는 멈추지 않습니다.
평생 배우고, 연결되고, 변화합니다.
내가 반복하는 생각 하나,
조용한 호흡 한 번,
그 모든 것이
새로운 뇌의 길을 만들어갑니다.
과거는 바꿀 수 없지만,
지금 이 순간의 선택은
나를 새롭게 써갑니다.
작은 선택 하나가,
들숨과 날숨 하나가,
오늘도 말없이 나의 뇌에
새로운 길을 열고 있습니다.

awareness
오늘 하루, 나를 새롭게 써가는
'작은 선택' 하나를 의식해보세요.

DAY
265

질적 변화

마음의 평온과 자유를 원한다면
무엇보다 간절함이 필요합니다.
이렇게 해도 막히고,
저렇게 해도 부딪히는 순간,
탁, 내려놓을 용기가 생깁니다.
그 순간, 마음에는 눈에 보이지 않는
작은 균열이 일고,
그 틈으로 새로운 빛이 스며듭니다.
그건 단순한 전환이 아니라,
삶을 바꾸는 질적인 변화입니다.

awareness

오늘 하루, 마음이 꽉 막히는 순간이 있다면 속삭여보세요.
'지금이 놓을 때야. 변화는 여기서 시작돼.'

DAY
266

움직인다는 것

편안하기만 하면
우리는 움직이지 않습니다.
불편함이 찾아올 때,
움직임이 깨어납니다.
벗어나기 위해,
변화하기 위해,
나아가기 위해
우리는 끊임없이 움직입니다.
움직인다는 건,
살아 있다는 증거입니다.
멈추지 않고 흐르고,
치열하게 흔들리며,
불편함 속에서도 계속 나아가는 나.
움직임은 곧 살아 있음입니다.

awareness
오늘 하루, 나를 움직이게 하는 불편함이 있다면
그 안의 생명력을 느껴보세요.

DAY
267

놀이처럼

하고 싶은 공부는 놀이가 됩니다.
시간 가는 줄 모르고,
더 알고 싶어 몰입하게 됩니다.
하지만 해야만 하는 공부는 다릅니다.
억지로 해야 하기에 무겁고,
즐거움 없이 목표만 남습니다.
이 차이는 바로 '자율성'에서 옵니다.
놀이는 자율의 완성입니다.
그 안에서 창의성도 자연스럽게 피어납니다.
일상도 놀이처럼 해보세요.
무거운 일도 가벼워지고,
생각보다 훨씬 잘 풀릴 거예요.

awareness
오늘 하루, 해야 할 일을 '해야 해서'가 아니라
'놀듯이' 해보세요.

현실이라는 친구

눈앞의 현실과 다투려 하지 마세요.
그 싸움에서 이길 수는 없습니다.
현실은 어디를 가든,
언제나 나와 함께합니다.
현실이 건네는 메시지를
친절하고 성숙한 마음으로 들어주세요.
현실은 피해야 할 적이 아니라,
평생 함께 걸어가야 할
소중한 친구입니다.

awareness

오늘 하루, 눈앞의 현실에게 이렇게 말해보세요.
'네가 들려주는 말을 귀 기울여 들을게.'

DAY
269

후회 없이

하루하루에 온전히 몰입하고,
순간순간 깨어 있다면
그것으로 곧 후회 없는 삶입니다.
오늘 하루를 충만히 살았다면,
그것으로 이미 행복한 삶입니다.
오늘 죽는다고 해도
한 점 후회가 없다면,
그것으로 이미 아름다운 삶입니다.

awareness
오늘 하루, 이 하루가 마지막이라고 생각하고
지금 여기를 살아보세요.

DAY 270

정신 차리고 하나씩

지긋지긋하다고 생각하면서도
쉽게 빠져나오지 못하는 일이 있어요.
괴로운 건, 상황 자체보다 그 괴로움을
반복하는 나의 습관입니다.
어쩔 수 없는 일이 아니라, 익숙한 고통을
내가 자꾸 만들고 있는지도 몰라요.
그래서 마음은 더 지쳐갑니다.
반복되는 괴로움이 있다면,
이젠 정신 바짝 차리고
하나씩 바꿔보세요.

awareness
오늘 하루, 나를 괴롭히는 익숙한 패턴 하나를
조용히 알아차려보세요.

DAY
271

망설이는 이유

인생에는 정답이 없습니다.
오직 선택만 있을 뿐입니다.
무엇을 선택하든,
그 선택은 나의 자유입니다.
우리가 망설이는 이유는
선택이 아니라,
그 뒤에 따라오는 책임 때문입니다.
책임지고 싶지 않을 때,
우리는 주저하고, 갈등합니다.
그러나, 기꺼이 책임지겠다고 마음먹는 순간,
망설일 이유는 사라집니다.
마음껏 선택하고, 충분히 책임질 수 있다면,
삶은 더 명료해집니다.

awareness
오늘 하루, 크고 작은 선택 앞에서 이렇게 물어보세요.
'내가 이 선택에 책임질 준비가 되어 있을까?'

DAY
272

작은 노력

마음챙김은 더 나은 삶으로 이끄는
작은 노력입니다.
나의 말투 하나, 반응 하나,
순간의 태도 하나를 바꾸는 연습입니다.
화내고 짜증 내던 습관을
사랑과 온기로 품어주는 것.
생각에 갇힌 나를
호흡을 바라보며 안심시키는 것.
삶은 하루아침에 달라지지 않지만,
지금 이 순간을 경험하는 방식은
내가 바꿀 수 있습니다.
마음챙김은 그 작은 순간을
새롭게 살아보려는 따뜻한 다짐입니다.

awareness
오늘 하루, 말투 하나, 반응 하나, 숨결 하나처럼
작고 사소한 습관을 바꿔보세요.

DAY
273

다른 길의 시작

이것 하나만 바라보고 달려왔는데,
결국 실패한 적이 있나요?
이 일에 모든 걸 쏟아부었는데,
뜻대로 되지 않았던 순간이 있나요?
한 방향에서 보면 실패처럼 보이지만,
다른 방향에서 보면
새로운 가능성의 문일지도 모릅니다.
살다 보면 그런 순간이 참 많습니다.
이쪽이 막히면 저쪽이 열리고,
한 길이 끝나면 다른 길이 시작됩니다.
너무 걱정하지 마세요.
인생의 길은
언제나 팔방(八方)으로 흐릅니다.

awareness
오늘 하루, 막힌 듯한 순간이 있다면
그 반대편에서 열리는 가능성을 상상해보세요.

DAY
274

확신과 집착

지금 내가 하는 일,
확신하고 있나요, 아니면 집착하고 있나요?
확신과 집착은 종이 한 장 차이입니다.
확신으로 일하는 사람은
실패를 과정으로 받아들이고 다시 시도합니다.
'되는 것'보다 '의미'가 중요하기 때문입니다.
집착으로 일하는 사람은
실패를 실패로만 받아들이고 쉽게 무너집니다.
'되지 않으면 무의미하다'고 믿기 때문입니다.
집착은 욕심을 담고,
확신은 가치를 담습니다.

awareness
오늘 하루, 내가 쏟는 열정 속에 집착이 있는지,
확신이 있는지 조용히 들여다보세요.

DAY
275

변화의 틈에서

익숙함이라는 건,
내 마음이 현재라는 시점에
바짝 밀착되어 있다는 뜻이에요.
그만큼 단단히 붙들고 있다는 것이죠.
그런 익숙함에 변화가 들어오면,
마음과 환경 사이에 작은 균열이 생깁니다.
그 틈이 낯설게 느껴지지만,
그곳에 바로 여백이 생깁니다.
그 여백은 숨통을 틔워주는 공간이 되고,
시간이 흐르면 그곳으로
새로운 것들이 천천히 스며듭니다.
새로운 경험, 새로운 시선, 새로운 가능성들.
익숙함과 변화 사이, 그 작은 틈에서
나는 오늘도 자라고 있습니다.

awareness
오늘 하루, 익숙함에서 벗어나서
새로운 틈을 발견해보세요.

DAY 276

창조적 혼돈

불확실한 현실에 그냥 나를 던져보세요.
우리는 세상의 가능성을 끝까지 알 수 없습니다.
경제학자는 미래의 시장을,
물리학자는 우주의 본질을
알면 알수록 더 많은 '모름'을 마주합니다.
현실은 오직 모를 뿐입니다.
확실히 알아야 한다는 집착을 내려놓으면
불확실한 현실에서도
뜻밖의 가능성을 발견할 수 있습니다.

awareness

오늘 하루, 불확실한 상황 앞에서 이렇게 속삭여보세요.
'몰라도 괜찮아. 여기서부터 시작할 수 있어.'

DAY
277

최선일지도 모를 최악

어떤 일이 정말 '최선'이었는지
그 순간엔 알 수 없습니다.
예상치 못한 실패가
삶의 방향을 바꾸는 전환점이 되기도 하고,
가슴 아픈 이별이
자신을 마주하게 만드는 계기가 되기도 하며,
감당할 수 없을 만큼 아팠던 상처가
결국 나를 단단히 세운 기반이었음을
한참 뒤에야 깨닫게 됩니다.
그때는 분명 '최악'이라 여겼지만,
시간이 흐르고 나면
삶을 더 깊고 넓게 만들어준
선물이었는지도 모릅니다.
지금의 어려움이 어떤 의미로 다가올지는
지금은 알 수 없습니다.

awareness

오늘 하루, 예상치 못한 어려움이 찾아오면 나에게 말해보세요.
'언젠가 이 순간도 나를 위한 길이었음을 알게 될 거야.'

DAY
278

떼려야 뗄 수 없는 것

삶과 죽음, 빛과 어둠처럼
세상에는 떼려야 뗄 수 없는 것들이 있습니다.
소리와 고요는 서로가 없으면 존재할 수 없고,
음과 음 사이의 침묵이 있어야
비로소 선율이 완성됩니다.
삶이라는 선율 속에도
쓴맛과 단맛이 함께 깃들어 있습니다.
실패가 있기에 성공이 더 달게 느껴지고,
아픈 날이 있기에 건강이 더 소중해집니다.
미운 정과 고운 정이 어우러져야
비로소 친구가 되고, 가족이 됩니다.
떼려야 뗄 수 없는 것을 억지로 떼려 하지 마세요.
둘처럼 보이지만, 둘이 아닌 것들이
세상엔 참 많습니다.

awareness
오늘 하루, 지금 겪는 불편함도
'이 또한 내 삶의 조각이구나' 하고 조용히 인정해보세요.

DAY
279

나와 현실 사이

생각이 많아질 때는
조용히 호흡으로 주의를 옮겨보세요.
우리의 주의는 대부분
머릿속 생각에 머물러 있습니다.
그러다 보면 삶의 실제 경험은 점점 흐려지고,
현실은 나와 멀어지기 시작합니다.
생각이 전부인 것처럼 살아가다 보면
진짜 삶과는 점점 멀어집니다.
그럴 때, 조용히 주의를 환기해보세요.
호흡으로, 몸의 감각으로,
주변의 소리와 온기로 천천히 돌아와 보세요.
그 순간, 주의의 방향이 바뀌고,
나와 현실 사이는 가까워집니다.

awareness

오늘 하루, 숨이 들어오고 나가는 순간마다 속삭여보세요.
'나는 지금, 여기에 있다.'

DAY
280

마음의 속도

거북이는 느리지만,
늦은 적이 없습니다.
달팽이는 느리지만,
지각한 적이 없습니다.
누구나 자기만의 속도가 있습니다.
세상은 늘 빠르지만,
내 마음까지 빨라야 할 이유는 없습니다.
자주 호흡을 바라보며
내 마음의 속도를 조절해보세요.
삶을 허겁지겁 삼키지 말고,
일상을 한 입씩 천천히 음미해보세요.

awareness
오늘 하루, 남의 속도에 휘둘리지 말고
자기만의 속도대로 살아보세요.

DAY
281

살아 있는 하루

호기심은 우리를 즐겁게 하고,
새로운 길로 이끌며,
삶을 생기 있게 만듭니다.
과학자들은 궁금해서 연구했고,
철학자들은 진리를 알고 싶어 사유했습니다.
호기심이 그들을 움직이게 했고,
탐구하고, 읽고, 쓰게 했습니다.
아이들이 놀이처럼
삶을 즐길 수 있는 것도
끝없는 호기심 덕분입니다.
호기심이 오늘을 살아 있게 만듭니다.

awareness
오늘 하루, 주변의 사소한 것에 대해 한 번이라도
'이건 뭐지?' 하며 질문해보세요

DAY
282

역경과 순경

역경에 좌절하지 마세요.
모든 위기의 순간은 기회입니다.
순경에 자만하지 마세요.
모든 안정된 상황은
고통의 씨앗이기도 합니다.
역경은 나를 단단하게 만들고,
순경은 나를 부드럽게 만듭니다.
역경과 순경이 함께할 때,
삶은 균형을 이루며 깊어집니다.

awareness
오늘 하루, 내 앞의 역경이든 순경이든
판단하지 않고 떠올려보세요.

DAY
283

바닥의 힘

사람들은 물에 빠지면
당황하여 허우적거립니다.
허우적거리면 호흡이 엉키고
물살에 휩쓸려 더 위험해집니다.
물에 빠졌을 땐 과감하게
물 아래로 잠수해야 합니다.
아래로 바닥까지 내려가서
힘차게 발을 차고 올라와야 합니다.
고통의 순간도 같습니다.
망설이며 허우적거리지 말고
문제 속으로, 고통 속으로
과감히 들어가야 합니다.
그 바닥에서 새로운 힘이 생깁니다.

awareness
오늘 하루, 피하고 싶은 감정이 있다면
그 감정의 바닥까지 잠시 들어가보세요.

DAY
284

자기확언

자기확언은 내면의 방향을 세우는
인생의 이정표입니다.
오늘 하루를 어떻게 살아가고 싶은지
마음속으로 문장 하나를 떠올려보세요.
"오늘 하루,
내 마음이 사랑과 친절로 가득하기를."
"오늘 하루,
내 몸이 건강하기를."
"오늘 하루,
몸과 마음이 평온하기를."
"오늘 하루,
진정으로 행복하기를."

awareness
오늘 하루, 하루를 시작하며 마음속에
따뜻한 문장 하나를 심어보세요.

DAY
285

한 그루 나무

나무는 느리지만
꾸준히 성장하고 있어요.
땅속 깊이 뿌리를 내리고,
가지는 하늘을 향해 뻗어가고,
잎사귀 마디마디는
언제나 새로운 시작을 꿈꿉니다.
나도 나무처럼 매순간 자라고 있어요.
하루하루 나의 작은 노력들이 모여서
한 그루 듬직한 나무로 성장해갑니다.

awareness

오늘 하루, 내가 자라온 시간을 떠올려보고, 속삭여주세요.
'나는 지금도 자라고 있어.'

DAY
286

춤추듯 살기

춤을 추듯, 하루를 살아보세요.
춤이 즐거운 건,
그것이 '놀이'이기 때문이에요.
놀이는 도달해야 할 목표가 없어요.
그 행위 그 자체로
이미 충분한 기쁨이니까요.
춤을 출 때, 몸짓 하나하나가
이미 완성된 순간입니다.
지금 이 순간, 그 몸짓처럼 살아보세요.
내가 숨 쉬는 '지금 여기'가
나의 목표이자, 나의 행복이니까요.

awareness
오늘 하루, 나의 움직임 하나하나를
춤추듯 가볍게 움직여보세요.

Day 287~365
온전한 나
지금 있는 그대로 충분하다는 걸 기억하세요.

DAY
287

삶은 신비

삶은
소유하는 것이 아니라,
순간순간에 존재하는 것입니다.

삶은
풀어야 할 숙제가 아니라,
그저 온전히 경험해야 할
놀라운 신비입니다.

awareness
오늘 하루, 삶을 해결하려 들기보다
그저 한순간씩 경험해보는 마음으로 지내보세요.

DAY
288

나를 사랑하기

나 자신을 위해
조용히 앉아보는 것,
오롯이 호흡에 주의를 두는 것,
몸의 감각이 전하는
작은 변화를 고요히 바라보는 것.
지금 여기에 머무는 일은,
곧 나 자신을
사랑하는 일입니다.

awareness

오늘 하루, 단 5분 동안 세상의 일들을 잠시 내려놓고
오롯이 나를 향해 멈춰 서 보세요.

DAY
289

나의 집 찾기

'우주'라는 말에 숨겨진 뜻이 있습니다.
한자로 풀면 '집 우(宇)', '집 주(宙)',
우주는 곧 '집, 그리고 또 집'입니다.
어디를 가든, 무엇을 하든
우리는 집으로 돌아가는 중입니다.
바깥을 떠돌다 지쳤을 때,
마음이 흩어져 어지러울 때,
다시 나로 돌아오는 집이 있다는 것.
그것만으로도
나는 충분히 안심할 수 있습니다.

awareness
오늘 하루, 마음이 어지러울 때마다 조용히 되물어보세요.
'나는 지금, 나라는 집으로 잘 돌아가고 있을까?'

DAY
290

최고의 삶

밥을 먹을 땐 밥만 먹고,
아플 땐 온전히 아파하며,
슬플 땐 눈물에 몸을 맡기고,
즐거울 땐 마음껏 춤을 춥니다.
역경은 역경대로,
순경은 순경대로,
있는 그대로 받아들이는 것,
그것이 바로
현재를 사는 최고 경지입니다.

awareness
오늘 하루, 오직 '지금 이 순간'의 경험을
충분히 느껴보세요.

DAY
291

온전히 경험하기

지금 나에게 일어나는 모든 일은
경험하기 위해 찾아왔습니다.
불편하고 힘들다고 해서
빨리 지나가라고 애쓰지 마세요.
그저 허용해주세요.
좋고 싫음을 넘어
있는 그대로 받아들이고,
온전히 경험해주세요.
그뿐입니다.

awareness
오늘 하루, 불편한 감정이 올라오면 밀어내지 말고
5초간 조용히 느껴보세요.

DAY
292

평온의 거리

너무 가까우면
잘 보이지 않는 것들이 있어요.
내 눈이 세상을 바라보지만,
내 눈을 직접 볼 수 없듯이.
평온도 그래요.
'나'와 너무 가까워서
그 존재를 잊을 때가 있어요.
멀리서 찾지 마세요.
밖에서 얻으려는 마음을
살며시 내려놓는 순간,
이미 내 안에 머물던 평온이
조용히 모습을 드러낼 거예요.

awareness
오늘 하루, 마음이 불안할 때 마음속으로 말해보세요.
'평온은 이미 내 곁에 있어.'

삶의 신비

삶은 해결해야 할 문제가 아니에요.
풀어야 할 수학 문제도 아니에요.
삶은 다만 느끼고 경험해야 할
신비로운 선물이에요.
그 선물은 늘 내 곁에
조용히 놓여 있습니다.

awareness
오늘 하루, 삶이라는 선물이 이미 내 곁에
놓여 있다는 것을 알아차려보세요.

비움과 채움

'내가 보는 세상이 전부다'라고 믿는 순간,
세상은 점점 좁아집니다.
그 믿음을 살며시 내려놓는 순간,
지혜의 문이 열립니다.
내가 옳다는 고집을 놓을 때,
세상은 조용히 마음을 열어줍니다.
'나'를 비울수록,
세상은 오히려 더 깊고 풍요롭게
나를 채워줍니다.

awareness
오늘 하루, 내가 쥐고 있던 생각 하나를
조용히 놓아보세요.

DAY
295

괜찮아요

삶을 믿고,
삶에 나를 조용히 맡겨보세요.
지금 이대로도 괜찮습니다.
앞으로도 분명 괜찮을 거예요.
모든 것이
다 괜찮다는 걸 알게 되는 순간,
삶은 나에게
더 괜찮은 길을 열어줍니다.

awareness
오늘 하루, 자신에게 조용히 말해주세요.
'지금 이대로도 괜찮아.'

DAY
296

소중한 것들

뭐든 돈을 주고 사야 하는 세상에서
공짜인 것들의 소중함을
잊고 살 때가 많습니다.
하지만 생각해보면,
정말 소중한 것들은 모두 공짜입니다.
선선한 초겨울 아침 공기,
내 발을 단단히 지탱해주는 땅,
목을 적시는 시원한 물 한 잔,
따뜻한 가족의 사랑과 친구의 우정,
무엇보다 지금 숨 쉬고 있음 그 자체.
진짜 소중한 것들은
값을 매길 수 없기에 공짜인지도 모릅니다.

awareness
오늘 하루, 돈으로 절대 살 수 없는 것 하나를 떠올리고,
'정말 고맙다' 하고 속삭여보세요.

DAY
297

세 가지 삶

삶에는 세 가지 양식이 있습니다.
소유의 삶, 행위의 삶, 그리고 존재의 삶.
소유의 삶은
무엇을 얼마나 가졌는가로 가치를 결정합니다.
행위의 삶은
무엇을 어떻게 했는가로 의미를 만들어냅니다.
하지만 존재의 삶은
아무것도 갖지 않아도, 아무것도 하지 않아도,
그저 있는 그대로 이미 충분합니다.
삶을 편안하게 해주는 '소유'도,
세상을 따뜻하게 만드는 '행위'도 소중합니다.
그러나 존재 자체를 온전히 마주하는 순간,
더 이상 가져야 할 것도, 해야 할 일도 없습니다.
그저, 살아 있음만으로 삶은 완전해집니다.

awareness
오늘 하루, 무엇을 하거나 가지려 애쓰기보다
그저 '나는 존재하고 있다'는 사실 하나만 느껴보세요.

DAY
298

조건 너머의 행복

좋은 일이 있어야만 행복하다면,
그건 진짜 행복이라기보다
잠시 스쳐가는 '기분 좋음'일지 모릅니다.
그 짧은 기분을 좇아
계속 애쓰고 있다면,
나는 지금, 행복한 삶이 아니라
조금씩 지쳐가는 삶을 살고 있는지도 모릅니다.
기분 좋은 상황이 있어야만
행복하다고 느낀다면,
나는 아직 '행복한 존재'가 아닙니다.
행복한 상황을 찾기 전에,
먼저 행복한 존재가 되어보세요.
그때, 상황에 흔들리지 않는 평온이
조용히 내 안에 깃듭니다.

awareness
오늘 하루, 행복한 상황을 기다리기보다
아무 이유 없이 미소 지어보세요.

DAY
299

잠깐의 삶

삶이란 무엇일까요?
삶은 잠깐 머무는 상태,
불꽃처럼 스쳐가는 순간입니다.
과학의 눈으로 보자면,
삶은 무의식의 물질에서
우연히 피어난 짧은 의식의 불꽃입니다.
종교의 관점에서 보자면,
삶은 영원의 세계로 가기 전,
잠시 머무는 길목입니다.
그렇다면 이 잠깐을
집착하고, 싸우고, 화내며 보내기보다는
믿어주고, 감싸주고, 사랑하며 살아가는 게
훨씬 더 아름답지 않을까요?

awareness
오늘 하루, 지금 이 순간이 '잠깐'이라는 것을
차분히 기억해보세요.

DAY
300

주어진 행복

행복에는 두 가지가 있습니다.
하나는, 노력으로 얻는 행복.
다른 하나는, 이미 주어진 행복입니다.
노력으로 얻는 행복은
내 의도와 노력에 따라 달라지기에
쉽게 흔들리곤 합니다.
반면에 이미 주어진 행복은
조건 없이도 느낄 수 있습니다.
아침 햇살에 눈이 부실 때,
선선한 바람이 얼굴을 스칠 때,
들숨 하나를 조용히 알아차릴 때,
그저 살아 있음이 고맙게 느껴질 때.
이런 주어진 행복은 애쓰지 않아도 되기에
더 견고하고, 더 오래갑니다.

awareness

오늘 하루, 나에게 이미 주어진 행복을 떠올려보세요.
그리고 감사함을 느껴보세요.

DAY 301

간절한 하루

죽음은 누구에게나 찾아옵니다.
그것이 삶의 가장 확실한 숙명입니다.
내가 반드시 죽는다는 사실을
조금씩 받아들이기 시작하면,
삶의 우선순위가 자연스럽게 정리됩니다.
무엇을 먼저 해야 할지,
무엇을 이제 놓아도 괜찮은지 알게 됩니다.
그때부터 하루하루는
조금 더 간절해지고,
조금 더 충만해지며,
조금 더 음미하게 됩니다.

awareness
오늘 하루, 오늘이 마지막이라면
가장 먼저 하고 싶은 일이 무엇인지 떠올려 보세요.

DAY
302

평온의 동심원

세상의 많은 일은
한 사람, 한 사람의 마음에서 시작됩니다.
내 마음이 고요해지면,
그 고요는 옆으로 번져 나갑니다.
작은 물결처럼
조용한 진동이 세상에 퍼져갑니다.
평온의 동심원은
언제나 내 마음에서 시작되어
보이지 않는 곳까지 번져갑니다.

awareness

오늘 하루, 내 마음의 고요가 누군가에게도
평온으로 닿을 수 있음을 기억해보세요.

DAY
303

행복의 두 날개

행복은 두 날개로 날아오릅니다.
바로 유익과 즐거움입니다.
유익이란, 삶에 도움이 된다는 말입니다.
경제적 안정이든, 배움과 성장이든
'내 삶이 나아지고 있다'는 느낌은
나에게 깊은 만족을 줍니다.
즐거움은, 거슬림이 없는 편안함입니다.
사람들과 조화를 이루고,
소소한 일상에서도 웃을 수 있을 때
삶은 그 자체로 충만해집니다.
유익하지만 즐겁지 않다면
주변과 금세 어긋날 수 있습니다.
즐겁지만 유익하지 않다면
변화 없이 제자리에 머물 수 있습니다.

awareness

오늘 하루, 지금 내가 하고 있는 일이
유익한지, 즐거운지 가만히 들여다보세요.

DAY
304

내가 사랑하는 것

'사량(思量)'은
무언가를 깊이 생각하고,
오래 헤아린다는 말입니다.
'사랑'은 바로 이 말에서 태어났습니다.
사랑은 감정이기 전에,
깊이 품고 오래 바라보는 마음입니다.
그 마음은 내 말이 되고, 내 행동이 되고,
삶을 대하는 태도가 됩니다.
내 아이를 오래 품으면 부모가 되고,
남의 아이를 함께 품으면 스승이 되며,
모든 생명을 품으면 성인이 됩니다.
지금 나는, 무엇을 마음에 품고 있나요?
내가 사랑하는 것이 곧 나의 삶이 됩니다.

awareness

오늘 하루, 나는 무엇을 깊이 품고 있는지 떠올려보세요.
그 품은 마음이 나의 오늘을 이끌어줄 것입니다.

DAY
305

삶의 본질

삶의 본질은 사랑입니다.
우리는 그것을
태어날 때부터 알고 있었습니다.
아무것도 할 수 없고,
아무것도 가진 것 없어도
사랑 하나만 믿고
세상에 있는 힘껏 몸을 던졌으니까요.
모든 생명이
사랑으로 세상에 왔고,
사랑으로 서로 기대어 살아갑니다.
행복한 삶을 원한다면,
망설이지 말고, 아낌없이 사랑하세요.

awareness
오늘 하루, 차 한 잔에 나를 담아보세요.
그 향과 온기 속에 지금 이 순간이 깃들어 있습니다.

DAY
306

최초의 순간

나는 언제부터 나였을까요?
'나'라는 존재가 시작된,
그 최초의 순간을 기억할 수 있나요?
흰 천이 붉은 물에 담겼을 때,
언제부터 그 천을 '붉다'고 말할 수 있을까요?
연한 분홍이 스며들기 시작할 때부터일까요?
아니면 완전히 새빨갛게 물들었을 때일까요?
그렇다면 지금의 나는
언제부터 이런 '나'가 되었을까요?
나에게 익숙한 '나'는 과연 진짜 나일까요?
'나'라고 말할 수 있는
그 최초의 순간은 과연 언제일까요?

awareness
오늘 하루, 마음속으로 이렇게 물어보세요.
'나'는 언제부터 내가 되었을까?

작은 일은 없어요

우주 저편에서 바라보면
지구는 모래 한 알보다 작아요.
그 모래 한 알도 현미경으로 들여다보면
우주만 한 공간을 품고 있어요.
내 앞의 한 생명이 괴롭다면,
그가 살아가는 온 우주가 괴로운 거예요.
한 사람을 편안하게 해주는 일은,
온 우주를 편안하게 해주는 일과 같아요.
세상에 작은 일은 하나도 없습니다.

awareness

오늘 하루, 내가 만나는 단 한 사람에게 따뜻한 말을 건네보세요.
그 작은 친절이, 하나의 우주를 밝힐 수 있습니다.

DAY
308

고유한 가치

집에서 공짜로 마시던 물이
편의점에선 900원,
영화관에선 1,500원이 됩니다.
같은 물인데,
장소에 따라 값이 달라집니다.
사람도 그렇습니다.
나의 가치는 상황과 환경에 따라
다르게 평가받을 뿐,
본래의 고유함은 변하지 않습니다.

awareness

오늘 하루, 내 마음과 몸을 정성껏 돌보는 실천 하나를 해보세요.
따뜻한 차를 마시거나, 자신에게 다정한 말을 건네는 것 등.

DAY
309

겸손하지만 당당하게

당당하면서도 교만하지 않게,
겸손하면서도 비굴하지 않게.
이 균형 잡힌 태도는 어디서 나올까요?
열등감과 우월감은
종이의 양면처럼 맞닿아 있습니다.
누군가의 칭찬에 우쭐해지고,
누군가의 비판에 움츠러든다면
내 삶은 타인의 손에 흔들리고 말겠죠.
당당하면서도 겸손한 태도는
내 삶의 주인이 '나'일 때,
비로소 찾아오는 단단한 중심입니다.

awareness

오늘 하루, 칭찬이나 비판에도 흔들리지 않고
나의 중심에서 말하고 행동해보세요.

DAY
310

내 앞의 선물

우리는 종종 내게 없는 것,
가지지 못한 것을
더 간절히 바라보며 살아갑니다.
무언가를 원하는 마음은 소중하지만,
그 갈망이 깊어질수록
마음은 서서히 메말라갑니다.
잠시 멈춰, 내 앞에
이미 놓인 것들을 살펴보세요.
익숙해서 잊고 지낸 사람들,
무심코 지나친 풍경과 사물들,
늘 곁에 머물던 공간과 하루.
그 모든 것이 사실은 오래전부터
내 곁에 와 있던 선물입니다.

awareness

오늘 하루, 내 곁에 놓인 것 하나를 바라보며 속삭여보세요.
'고마워. 지금 여기 있어줘서.'

DAY
311

결국 플러스

삶은, 무엇을 해도 플러스(+)입니다.
이 삶이 없었다면
기쁠 일도, 슬플 일도 없었을 테니까요.
아무것도 없이 시작한 삶.
그 위에 쌓이는 모든 경험은
결국 나에게 '더해진' 것입니다.
기쁨도, 아픔도, 손해도, 후회도
모두 이 삶이 있기에 가능한
가장 찬란한 선물입니다.

awareness

오늘 하루, 내가 겪은 모든 경험을 바라보며 말해보세요.
'이것도 나의 플러스였어.'

DAY
312

그저 기뻤던 나

어린 시절,
'기쁨'이라는 단어조차 몰랐지만
나는 그저 기뻤습니다.
행복이 무엇인지 알지 못해도,
나는 이미 행복했습니다.
설명도, 이유도 필요 없었죠.
내 존재 자체가
기쁨이었고, 생명력이었으니까요.
그 본래의 생명력인
나의 본성을 다시 불러보세요.
다시 그 시절처럼,
존재만으로 충분한 나를 느껴보세요.

awareness
오늘 하루, 이유 없이 살짝 웃어보세요.
그 웃음이 내 안에 기쁨을 조용히 깨워줄지 모릅니다

DAY
313

온전한 나

완벽하지 않아도 온전할 수 있습니다.
조금 부족한 것 같아도
여전히 괜찮습니다.
삶은 원래 불완전한 것들로 이루어져 있습니다.
나도, 당신도, 세상도
있는 그대로 충분히 온전합니다.
결핍 속에서 충만을 발견하고,
불완전한 순간 속에서
온전함의 숨결을 알아차릴 수 있다면
그것이야말로 가장 깊은 명상입니다.

awareness
오늘 하루, 나의 불완전함에도
이미 온전하다는 사실을 조용히 인정해보세요.

DAY
314

기적 같은 일

거의 불가능한 일이 일어났을 때,
우리는 그것을 '기적'이라 부릅니다.
하지만 생각해보세요.
수십 억 년의 우주 역사 속에서
이토록 정교한 생명으로
내가 여기에 존재한다는 사실,
그건 기적보다 더한 기적입니다.
아무것도 하지 않아도,
누구의 인정을 받지 않아도,
나는 살아 있음으로 충분합니다.

awareness

오늘 하루, 잠시 멈춰 조용히 숨을 들이쉬고 내쉬어보며
'나는 지금 살아 있다'는 사실을 온전히 느껴보세요.

DAY
315

작은 것의 우주

작은 순간, 작은 몸짓, 작은 한숨.
우리는 자주 큰일에만 마음을 쏟고,
작은 것은 무심히 흘려보내지만,
삶은 언제나 작은 것에서 시작됩니다.
한 번의 숨결,
따뜻한 눈빛 하나,
나직한 한마디 말.
그 안에 누군가의 하루가 바뀌고,
어떤 관계가 회복되며,
삶의 방향이 달라지기도 합니다.
작은 것은 작지 않습니다.
그 안에는 온 우주가 담겨 있습니다.

awareness

오늘 하루, 작은 숨결, 작은 말, 작은 눈빛 하나에
깊은 주의를 기울여보세요.

행복의 자리

상황이 나쁠 때는
좋아지기만을 바라며 조급해지고,
상황이 좋을 때는
언제 나빠질까 두려워집니다.
그렇게 마음이 앞서는 사이,
시간은 조용히 흘러가고
행복은 어느새 자리를 잃습니다.
조급함과 두려움을
잠시 옆으로 밀어두고,
행복에게 자리를 내어주세요.

awareness

오늘 하루, 조급함이나 두려움을 느낀다면 조용히 말해보세요.
'지금, 행복이 앉을 자리를 마련해주자.'

DAY
317

마음의 정원

세상이 뭐라고 말하든,
지금의 나는
내가 가장 잘 압니다.
배고픈지, 지쳤는지, 아픈지,
내 안의 감각이
가장 정직한 진실입니다.
그러니 내 삶을
타인의 잣대에 맡기지 마세요.
내 삶은 누구의 것도 아닌,
내가 매일 돌보고 가꿔가야 할
마음의 정원입니다.

awareness
오늘 하루, 내 안의 호흡과 감각을 따라
천천히 나만의 정원을 가꿔보세요.

DAY 318

자화상

오늘 거울 앞에 선 나는,
정말 '나'일까요?
사람들 앞에 선 얼굴,
누군가의 기대에 맞춘 표정,
자신도 익숙해진 그 모습이
진짜 나인지, 이따금 혼란스럽습니다.
그동안 다른 이의 시선으로
'나'를 그려온 건 아닌지
조용히 돌아보게 됩니다.
거울 앞에 선 지금,
나는 진짜 나의 얼굴로 살고 있을까요?

awareness

오늘 하루, 거울을 마주할 때 '이건 진짜 나인가?' 하고
그 눈빛에 조용히 마음을 머물러보세요.

DAY
319

나의 크기

나는 그저 지구 한구석에서
조용히 애쓰고 있는 작은 존재일까요?
그렇게 느껴질 때도 있지만,
사실 나는 수십억 년의 시간을 품은
거대한 흐름의 일부입니다.
내 안에는 수많은 생명의 기억이
면면히 이어져 있어요.
지금 이 순간,
내 선택 하나, 말 한마디에도
우주의 이야기는 계속 쓰이고 있어요.

awareness
오늘 하루, 작고 갇힌 '나'를 잠시 내려두고
우주의 일부로서 나를 조용히 느껴보세요.

DAY
320

한 입의 삶

우리는 어릴 적부터
모든 것에 이름을 붙이고,
의미를 부여하고, 해석하며 살아왔습니다.
하지만 이름은 본질이 아니고,
이미지도 진짜가 아닙니다.
메뉴판의 사진과 설명을 백 번 보고 읽어도,
음식의 맛은 한 입 먹어보아야 알 수 있어요.
삶도 그렇습니다.
생각으로는 다 알 수 없어요.
인생의 맛은,
그저 한 입 베어 물 듯
경험하는 그 순간에 있어요.

awareness
오늘 하루, 분석을 멈추고 지금 이 순간을
조용히 한 입 느껴보세요.

DAY
321

마음이 머무는 자리

침실에 누워 있어도,
지구 반대편으로 여행을 가도,
심지어 달나라로 떠나도
마음은 언제나 '나'라는 자리에 머뭅니다.
그래서 '나'는
편안하고, 따뜻하고, 자유로워야 합니다.
내가 어디에 있든,
마음이 머무는 그 자리가
바로 나의 집입니다.
그곳이 곧,
내가 살아가는 진짜 '집'입니다.

awareness

오늘 하루, 내 마음이 가장 오래 머무는 자리가
지금 어떤 느낌인지 천천히 들여다보세요.

DAY
322

고유한 존재

우주에는 무한한 색의
그러데이션이 펼쳐져 있어요.
그중 단 하나만을
가장 아름다운 색이라 말할 수 있을까요?
모든 색이 자기만의 빛을 내듯,
우리 각자도 고유한 빛을 품고 살아갑니다.
누구도 비교할 수 없고,
누구도 대신할 수 없는,
나의 고유함에 주의를 기울여보세요.
그때 비로소,
존재의 특별함이 피어납니다.

awareness

오늘 하루, 누군가를 바라보며 이렇게 속삭여보세요.
'당신은 당신만의 색을 지닌 고유한 존재예요.'

DAY 323

조용히 눈을 감고

여유가 있을 때,
한숨 돌릴 수 있을 때,
조용히 눈을 감고 느껴보세요.
어떤 말이나 생각도 떠오르기 전의
고요한 자리.
하루하루 나를 움직이게 하는
생명의 흐름.
'나'라는 이름을 붙이기 전,
존재 그 자체로
깨어 있는 열린 마음.

awareness
오늘 하루, 잠시 멈춰 그 고요한 자리에
살며시 머물러보세요.

DAY 324

도시 정원

콘크리트 틈새에 핀 민들레를 본 순간,
온 도시가 조용히 정원으로 변합니다.
회색 빌딩 숲에서는
나무의 숨결이 느껴지고,
횡단보도의 줄무늬에서는
얼룩말이 지나갑니다.
네온 불빛은 반딧불처럼 반짝이고,
경적 사이로 새들의 합창이 들려옵니다.
젖은 아스팔트 위에는
하늘이 고요히 비칩니다.
아스팔트 위를 걷는 내 발걸음마다
작은 꽃이 피어납니다.

awareness
오늘 하루, 도시 속에서 나만이 볼 수 있는
숨은 생명의 조각을 찾아보세요.

DAY
325

나의 근원

우리는 늘 바깥을 향해 달려갑니다.
새로운 경험, 성취, 관계를 좇으며
자신을 어딘가 바깥에서 찾으려 하죠.
하지만 잠시만 멈춰보세요.
모든 경험을 누가 인식하고 있나요?
누가 보고, 듣고, 느끼고 있나요?
바로 나 자신입니다.
외부가 아닌 내면으로,
경험이 아닌 경험을 알아차리는 나에게로
지금 이 순간,
나의 근원을 만나보세요.

awareness

오늘 하루, '지금 이 순간을 인식하고 있는 나'를
지긋이 바라보세요.

DAY 326

평온의 정원

하루아침에 꽃이 피지 않듯,
마음도 단번에 변하지 않습니다.
매일 조금씩 물을 주고,
잡초를 조심스레 뽑아내듯
마음을 돌보는 일도
그렇게 천천히 이어집니다.
어느 날은 변화가
더디게 느껴질 수 있습니다.
하지만 포기하지 마세요.
작은 실천이 쌓이고 쌓이면
어느새 마음 한켠에
평온의 정원이 자라나 있습니다.

awareness
오늘 하루, 내 마음의 정원에
부드러운 호흡을 선물해보세요.

수용할 용기

현실에서 밀려오는 괴로움의 파도를
우리는 피할 수 없습니다.
불편한 감정이 찾아와도
억지로 밀어내지 않고,
조용히 인사합니다.
'안녕, 너도 내 일부구나.'
원치 않는 상황이 닥쳐도
마음속으로 중얼거리며 지켜봅니다.
'이것 또한 지나가리라.'
수용은 포기가 아니라,
지혜로운 용기입니다.

awareness

오늘 하루, 마음속에 일어나는 불편한 감정 하나를
그저 곁에 두고 지켜보세요.

DAY
328

행복의 균형

행복은 두 날개로 날아오릅니다.
하나는 '성장', 다른 하나는 '조화'입니다.
성장은 삶에 빛을 더합니다.
배움과 자아실현, 관계의 깊어짐 같은
작은 진보들이 나를 더 넓은 세계로 이끕니다.
조화는 마음에 평화를 가져옵니다.
양심에 따르는 삶,
타인과의 부드러운 관계,
자연 속에서 숨 고르기.
그 안에서 우리는 비로소 편안해집니다.
성장만 있다면 마음은 불안해지고,
조화만 있다면 삶은 정체됩니다.
두 날개가 함께 펴질 때,
우리는 진짜 행복에 닿을 수 있습니다.

awareness
오늘 하루, 작은 성취 하나와
조용한 평온 하나를 나란히 품어보세요.

DAY
329

양면성

즐거움에 예민해질수록
슬픔에도 예민해집니다.
정상이 높아지면 계곡도 깊어집니다.
삶은 언제나 양면성.
기쁨과 슬픔,
빛과 그림자,
설렘과 두려움.
이 모든 감정은
살아 있다는 증거입니다.
두려워하지 마세요.
나는 지금, 선명히, 살아 있습니다.

awareness

오늘 하루, 기쁨이든 슬픔이든
그 감정을 부드럽게 껴안아보세요.

DAY
330

생존에서 생동으로

일상이 그저 버티는 생존처럼 느껴진다면,
삶은 어느새 의미를 잃어갑니다.
삶은 단순히 살아남는 것을 넘어,
기쁨과 의미를 찾아가는
깊고 따뜻한 여정이어야 합니다.
관계 속에서 누군가의 온기를 느끼고,
일과 취미 속에서
내 안의 열정을 다시 깨우는 삶.
그것이야말로 생존을 넘어선,
진짜 살아 있는 삶입니다.

awareness
오늘 하루, 그저 버티는 하루가 아니라
작게라도 생동하는 순간을 하나 발견해보세요.

DAY
331

조화와 균형

긍정과 부정, 존재와 비존재는
늘 함께 존재합니다.
빛이 있으면 그림자도 있고,
소리가 있으면 그 안에 침묵도 함께 머뭅니다.
충만함과 공허함은
서로를 완성하는 한 쌍입니다.
삶은 대비로 이루어져 있습니다.
그 두 극의 조화를 받아들일 때,
삶은 더 단단하고 넓어집니다.
전체를 바라보는 눈,
그곳에서 진짜 균형이 시작됩니다.

awareness
오늘 하루, 마음이 한쪽으로 쏠릴 때마다 자신에게 물어보세요.
'지금 내가 밀어내고 있는 반대편은 무엇일까?'

DAY
332

덧없기에 빛나는

음악을 연주하면,
소리는 금세 사라집니다.
그 이유로 녹음이 불가능하던 시절,
음악을 가장 영적인 예술로 여겼습니다.
음악은 순간의 예술입니다.
울리자마자 사라지는 음표들,
그 짧은 떨림 속에
진짜 아름다움이 깃들어 있습니다.
삶도 마찬가지입니다.
매 순간 사라지지만,
그 덧없음이야말로
삶을 가장 고귀하게 만들어줍니다.

awareness

오늘 하루, 눈앞의 장면, 스치는 소리, 지나가는 감정 하나를
마치 한 음절의 음악처럼 감상해보세요.

DAY
333

나를 위한 춤

남을 위해 추지 않는
아이의 춤은,
그 자체로 아름답습니다.
순수한 기쁨에 푹 빠진 그 순간,
행복하다는 것을
아이의 몸이 먼저 알고 있지요.
그 모습은 가장 진실한 아름다움입니다.
누군가의 인정을 받기 위해서도 아닌,
그저, 나 자신을 위해 춤추는 순간.
나는 가장 나답고, 가장 자유롭습니다.

awareness
오늘 하루, 누구의 시선도 의식하지 말고
내 안의 리듬을 따라 움직여보세요.

DAY
334

걷기, 앉기, 눕기

인생은 본래 단순합니다.
걷고, 앉고, 눕는 것.
이 세 가지를 조용히 반복하며
우리는 살아갑니다.
걸을 때,
내가 살아 있음을 느끼고
앉아 있을 때,
고요한 마음과 마주하며
누워 있을 때,
깊은 평온에 몸을 맡깁니다.
복잡한 생각을 덜어내면,
이 단순한 움직임으로도
삶은 충분합니다.

awareness
오늘 하루, 걷는 발걸음, 앉은 자세, 누운 몸의 무게를
조용히 느껴보세요.

DAY
335

조화로운 중심

몸과 마음이 조화를 이루면
모든 것이 제자리를 찾습니다.
내면의 질서가 잡힐 때,
외부의 세계도 온전해집니다.
내면으로 시선을 돌려보세요.
혼란스러운 감정을
그저 알아차리기만 해도 좋습니다.
몸의 긴장을 천천히 풀고,
깊은 숨을 들이쉬어 보세요.
호흡이 머무는 곳에서
나의 중심이 시작됩니다.

awareness

오늘 하루, 몸과 마음이 엇갈릴 때마다
잠시 멈추어 숨을 느껴보세요.

DAY
336

날갯짓의 시작

둥지를 나와 창공으로 날아오를 때,
새의 흥미진진한 일생이 시작됩니다.
익숙한 곳을 벗어나
미지의 세계로 나아갈 때,
삶은 충만해집니다.
자유롭게 날개를 펼치며
세상의 너비를 경험할 때,
우리는 살아 있음을 느낍니다.
익숙한 곳에 계속 머무르는 것이
꼭 좋은 것은 아닙니다.
이제, 저 창공으로 날아오르세요.
나만의 날갯짓으로.

awareness
오늘 하루, 익숙함에 머물러 있던 내 마음을 떠올려보세요.
그리고 늘 가던 길 대신 조금 낯선 길을 걸어보세요.

DAY
337

나에 관한 정의

나의 과거를 존중하는 것은 중요합니다.
하지만 과거가 나를 정의하게
내버려둘 필요는 없습니다.
과거에 어떤 이름으로 불렸든,
지금 이 순간의 나는
새롭게 쓰일 수 있습니다.
과거는 나를 구성한 한 조각일 뿐,
내 모든 것을 결정짓지는 않습니다.
어떤 꼬리표도, 어떤 평가도,
지금 이 순간의 나를
완전히 설명할 수는 없습니다.

awareness
오늘 하루, 지금 이 순간의 나에게
새로운 이름 하나를 지어보세요.

마음의 네 가지 빛

사랑, 연민, 기쁨, 평화.
이 네 가지는
가장 빛나는 마음의 거처입니다.
가장 단순하지만, 가장 깊은 자리에서
조용히 마음을 비추는
내면의 등불이죠.
이 마음들은 서로 연결되어 있어
하나가 피어나면,
나머지도 조용히 따라옵니다.
그렇게, 마음은 빛으로 물들어갑니다.

awareness

오늘 하루, 사랑·연민·기쁨·평화 중 하나를 선택해서
내가 어떤 마음과 태도로 반응할 수 있을지 상상해보세요.

DAY
339

현재의 기적

두려움은 나를 과거의 기억에 묶고,
오지 않은 미래에 대해 걱정하게 만듭니다.
하지만 두려움을 조용히 바라보면,
대부분 내 걱정과는 사뭇 다릅니다.
지금 이 순간, 나는 괜찮습니다.
지금 여기, 나는 살아 있습니다.
몸은 경이롭게 움직이고,
눈은 하늘의 빛을 담고,
귀는 사랑하는 사람들의
목소리를 들을 수 있습니다.
삶은 이미
작은 기적으로 가득합니다.

awareness
오늘 하루, 불안이 느껴질 때,
내 몸이 살아 있는 증거 하나를 찾아보세요.

DAY
340

나를 이루는 것들

'나'는 내가 아닌 것들의 집합입니다.
내 몸은 수많은 물질의 조화로 이루어졌고,
내 마음은 지나온 관계와 경험,
기억의 파편으로 이루어졌습니다.
잘 들여다보면, '나'라는 존재는
수많은 타자와의 연결로 이루어져 있습니다.
이 사실을 받아들일 수 있을 때,
나와 타인을 구분 짓는 경계에서 벗어나
더 깊이 연결될 수 있습니다.

awareness

오늘 하루, '나'를 이루는 것을 3가지 이상
조용히 떠올려보세요.

DAY
341

행복의 다리

삶의 유일한 목적은
결국 '행복'에 닿는 것입니다.
돈을 버는 것도, 건강을 챙기는 것도,
사랑하는 이들과 관계를 맺는 것도
모두 행복에 닿기 위한 여정입니다.
우리가 때때로 불행하다고 느끼는 이유는
행복을 위한 '수단'을
'행복' 자체로 착각하기 때문입니다.
돈도, 건강도, 관계도
그 자체가 목적이 아닙니다.
그 모두는 다만,
행복에 이르는 다리일 뿐입니다.

awareness
오늘 하루, 어디에도 닿으려 하지 말고
지금 여기에 깃든 작은 행복 하나를 조용히 느껴보세요.

DAY
342

텅 빈 공간

텅 빈 듯 보이는 공간,
그 안에 모든 것이 깃들어 있습니다.
무한한 가능성의 씨앗이
허공 속에서 조용히 숨 쉬고 있습니다.
모든 것은 고정되지 않은 채
끊임없이 변화하고 자랍니다.
우주의 텅 빈 공간처럼
내 마음도 비어 있어야
진짜 나를 만날 수 있습니다.
텅 빈 마음 안에서
새로운 내가 피어납니다.

awareness
오늘 하루, 마음을 가득 채우려 애쓰기보다
조용히 비워보세요.

DAY
343

아침햇살

아침 햇살이
조용히 창문을 밀고 들어옵니다.
그 빛을 따라
나의 호흡도 고요히 깨어납니다.
햇살처럼 맑고,
숨결처럼 부드럽게,
오늘이라는 하루가 살며시 흐릅니다.

awareness
오늘 하루, 아침 햇살처럼 맑고
부드러운 호흡으로 나를 깨워보세요.

DAY
344

시간의 틈새

출근길, 신호등 앞에 잠시 멈춰 선 그 순간,
심장 박동에 귀 기울여보세요.
설거지하는 손끝의 물방울,
아이의 웃음소리,
강아지의 꼬리 흔들림,
책장을 넘기는 소리,
차 한 모금의 온기.
숨 가쁜 일상 속
작고 고요한 틈새들.
그저 감각에 주의를 기울여보세요.
시곗바늘은 멈추고,
끝없는 평화의 바다가 펼쳐집니다.

awareness
오늘 하루, 잠깐 멈출 수 있는 순간을
의식적으로 찾아보세요.

DAY
345

내가 할 수 있는 것

심장은 내가 시키지 않아도 뜁니다.
호흡도, 멈추지 않고 저절로 오고 갑니다.
마음도 그러합니다.
조건에 따라 생각이 일어나고,
상황에 따라 감정이 솟구칩니다.
나는 그 흐름 위에 실려
하루를 살아갑니다.
이렇듯 모든 것이 저절로 흘러가는 삶 속에서
정말 내가 할 수 있는 것은 무엇일까요?
그저 지켜보는 일,
그것이 내가 할 수 있는
가장 친절한 삶의 방식입니다.

awareness
오늘 하루, 일어나는 모든 것들 가운데
내가 선택할 수 있는 하나를 조용히 들여다보세요.

DAY
346

침묵 걷기

아무 말 없이 걸어보세요.
침묵 속에서 한 걸음씩 내디뎌 보세요.
내가 바라보는 모든 것에
이름이 없다고 여겨보세요.
나무, 하늘, 사람, 소리…
이름 없이, 설명 없이,
그저 존재로 느껴보세요.
'무엇'이 아니라
그저 '존재'로 느껴질 때,
내 안에 고요가 깃듭니다.

awareness
오늘 하루, 짧은 침묵 속에서
눈앞에 보이는 모든 것과 함께 머물러보세요.

DAY
347

평온한 상태

특별한 일이 없어도
평상심을 유지하고 있다면
그것이 평온이에요.
아프지 않은 것이 건강이고,
괴롭지 않은 것이 행복입니다.
추우면 옷을 입고,
더우면 옷을 벗고,
배고프면 밥을 먹고,
졸리면 잠을 자는 것처럼
평온은 특별히 추구해서 얻는
지고한 상태가 아니에요.
그저 평범하고 자연스러운,
우리의 본성이 바로 평온이에요.

awareness
오늘 하루, 있는 그대로
평온한 순간을 경험해보세요.

안심과 중심

마음이 평온하면,
중심이 흔들리지 않아요.
어떤 순간에도 나를 지킬 수 있죠.
반대로 마음이 불안하면
작은 외부 자극에도 쉽게 흔들립니다.
안심을 유지한다는 건,
삶의 중심이 잡혀 있다는 의미예요.
안심의 힘이 클수록
내가 원하는 방향으로
나를 이끌 수 있어요.

awareness
오늘 하루, 나의 중심이 흔들릴 때마다
조용히 호흡에 집중해보세요.

DAY
349

인생의 짐

짐이 없는 삶은
가볍고, 자유롭고, 홀가분합니다.
하지만 우리는
늘 뭔가를 짊어지고 살아갑니다.
무엇을 짊어질지,
어떻게 짊어질지
매 순간 나의 선택입니다.
같은 삶이라도
가볍게도, 무겁게도 짊어질 수 있어요.
그 무게를 정하는 건,
언제나 나 자신입니다.

awareness
오늘 하루, 나를 무겁게 하는 짐이 있다면
그 짐을 계속 짊어져야 할지 조용히 생각해보세요.

DAY
350

소란 속 고요

번잡한 거리, 자동차의 경적,
사람들의 발걸음과 웃음소리.
그 끝없는 소란 속에서도
고요는 사라지지 않습니다.
출근길 지하철 안, 회의실의 긴장 속,
쉴 틈 없는 일상 한가운데에서
잠시 눈을 감고,
깊이 숨을 들이쉬어 보세요.
고요는 외부에 있는 것이 아니라
언제나 내 안에 머물고 있습니다.

awareness
오늘 하루, 시끄러운 순간마다
조용히 눈을 감고 고요함을 느껴보세요.

DAY
351

조금은 빈틈 있게

너무 심각하게 살아가면
생각이 딱 막혀버립니다.
옳은 방향과 그른 방향에 갇혀
삶은 점점 경직되고,
마음은 괴로워집니다.
조금만 어긋나도 안 된다는 마음은
내 안의 여유를 서서히 빼앗아갑니다.
나의 옳음만을 고집하다 보면
남의 삶을 쉽게 단정 짓게 됩니다.
삶에 약간의 빈틈을 남겨두세요.
그 빈틈 속으로
여유와 평온이 들어옵니다.

awareness
오늘 하루, 조금 틀려도 괜찮다고
자신에게 다정히 말해주세요.

DAY
352

자기화해

명상은 지금의 나를 버리고
더 나은 나로 바꾸는 연습이 아닙니다.
명상은 지금 여기, 이 모습 그대로의 나와
천천히 화해하고, 친해지는 일입니다.
부족한 나, 실수하는 나,
여전히 흔들리는 나와 마주 앉아
'그래, 괜찮아' 하고 말해주는 시간,
그렇게 나와 조금씩 가까워지는 순간,
마음의 고요가 피어납니다.

awareness
오늘 하루, 부족한 내 모습이 드러날 때 속삭여보세요.
'괜찮아. 너와 함께 갈 거야.'

DAY
353

'왜'와 '어떻게'

우리의 뇌는 '왜?'라고 물으면
그 이유를 찾기 위해 끊임없이 움직입니다.
답은 수없이 많고, 그 끝은 없습니다.
하지만 질문을 '어떻게?'로 바꾸는 순간,
뇌는 조용히 해결을 향해 방향을 바꿉니다.
'왜 살아야 하지?'보다는
'어떻게 살아갈 것인가?'
이 질문 하나가 삶을 좀 더 따뜻하게,
좀 더 지혜롭게 비춰줍니다.

awareness

오늘 하루, '왜 이럴까?'라는 질문이 떠오를 때,
'어떻게 하면 좋을까?'로 부드럽게 바꿔보세요.

DAY 354

깨어 있는 나

우리는 종종 술이나 음악처럼
강렬한 자극에 빠져듭니다.
그 순간만큼은 생각에서 벗어난 듯하지만,
대가는 따릅니다. 주의는 흐려지고,
깨어 있는 의식은 희미해지며,
때로는 자기 자신조차 잃어버립니다.
마음챙김은 다릅니다.
깨어 있는 의식과 함께
생각의 소용돌이에서 벗어나는 연습입니다.
생각을 억지로 끊지 않고,
필요한 생각은 부드럽게 활용하며,
불필요한 생각은 조용히 놓아줍니다.
깨어 있는 '나'가 있을 때,
몰입도, 자유도 더 깊어집니다.

awareness

오늘 하루, SNS 등 자극에 빠질 때마다 3초간 멈추고 자문해보세요.
'지금 이 순간, 나는 깨어 있는가?'

DAY
355

적당함의 지혜

적당한 것이 좋습니다.
많이 가지려 하면, 마음은 늘 부족하고
가득 채우려 하면, 고요는 금세 흩어집니다.
'적당함'은 모자람이 아니라,
충분함을 아는 마음입니다.
밥 한 끼를 먹을 때도
적당한 포만감이 들면
숟가락을 조용히 내려놓는 것.
그럴 때 식사 후에도 후회가 없습니다.
멈출 줄 아는 마음,
더 이상 채우지 않아도 된다는 조용한 자각.
그것이 바로
지금 이 순간에 머무는 마음이자,
내 삶을 단단히 지켜주는 작은 지혜입니다.

awareness

오늘 하루, 내 삶의 어떤 부분에서 '적당함'을 실천할 수 있을지
조용히 떠올려보세요.

DAY
356

삶의 격

마음챙김은 내 마음의 내용물을
들여다보는 일입니다.
풀리지 않은 감정, 억눌린 욕망과 불안,
존재로서 겪는 괴로움을
조용히 직면하는 연습입니다.
그 마음조차 모르고 살아가면서
삶의 격을 기대하기 어렵습니다.
불필요한 말과 엉성한 행동은
깨어 있지 못할 때 흘러나옵니다.
잠시 멈추어 바라보고, 내게도, 상대에게도
이로운 것을 선택하는 일.
그것이 마음챙김이고,
삶의 격을 세우는 작은 습관입니다.

awareness

오늘 하루, 말이나 행동 전에 잠시 멈추고 물어보세요.
'이 말, 이 행동은 모두에게 이로운가?'

DAY
357

틈새 발견하기

원래 마음은 평온합니다.
그 위에 '나는 누구고', '너는 어떻고',
'세상은 이래야만 한다'는 생각들이
겹겹이 쌓여갑니다.
이 퇴적층을 하나하나 부수려 하면
끝이 없어 보이죠.
하지만 모든 생각의 층 사이에는
'틈'이 있습니다.
그 틈을 바라보는 순간,
평온은 이미 거기 있습니다.

awareness
오늘 하루, 겹겹이 쌓인 생각들 사이의
작은 틈을 들여다보세요.

DAY 358

보물과 짐

아무 생각 없이 간직했던 무엇이
시간이 지나 가장 소중한 보물이 되기도 하고,
애써 움켜쥐었던 무엇이
시간이 지나 무거운 짐이 되기도 합니다.
인생은 늘 이렇게,
예상할 수 없는 방식으로
내 손에 남겨진 것들의 가치를 바꿔놓습니다.

awareness
오늘 하루, 지금 나에게
보물과 짐은 무엇인지 알아차려 보세요.

DAY 359

마음의 씨앗

세상으로부터 무엇을 받을지는
내 뜻대로 할 수 없어요.
하지만 세상에 무엇을 베풀지는
내 뜻대로 할 수 있어요.
나는 어떤 씨앗을 심을 수 있을까요?
작은 친절 하나,
따스한 미소 하나,
온화한 한마디 말,
조금 더 귀 기울이는 마음.
내가 심는 이 마음의 씨앗들은
언젠가 내 삶에 부드럽게 꽃을 피울 거예요.

awareness
오늘 하루, 내가 세상에 심을 수 있는 마음의 씨앗 하나를
떠올려보세요. 작아도 괜찮아요.

DAY
360

시작을 위한 끝

시작하지 않은 것에는 끝도 없습니다.
태어나지 않은 것에는 죽음도 없듯이요.
끝이 있다는 건,
이미 무언가를 시작했다는 뜻입니다.
죽음이 있다는 건,
지금 살아 있다는 증거이기도 합니다.
그런데 우리는 가끔, 살아 있으면서도
살아 있지 않은 나날을 보냅니다.
아무것도 시작하지 않은 채,
그저 하루를 흘려보낼 때가 많습니다.
시작이 있어야 끝이 있고,
끝이 있어야 비로소 변화가 찾아옵니다.

awareness

오늘 하루, 아주 사소한 것이라도
'처음'의 마음으로 시작해보세요.

DAY
361

마지막처럼

모든 순간은
마지막 순간입니다.
지금 이 찰나는 다음 순간을 위한
준비 시간이 아닙니다. 그 자체로
이미 충분한 의미를 지니고 있습니다.
삶은 나중을 위해 미루는 것이 아니라,
지금을 온전히 살아내는 일입니다.
한순간도 무심히 흘려보내지 마세요.
이 순간은 다시 오지 않습니다.

awareness
오늘 하루, 지금 이 순간을
마지막인 것처럼 진심을 다해 살아보세요.

DAY 362

감사 연습

감사도 연습이 필요합니다.
작은 것에 감동하고,
고마움을 자주 표현하는 사람이 있는가 하면,
모든 걸 받아도 무심한 사람도 있습니다.
감사는 마음을 밝히는 빛입니다.
지금 이 순간,
감사의 숨을 한 번 쉬어보세요.

awareness

오늘 하루, 고마운 누군가가 떠오른다면
작게라도 그 마음을 표현해보세요.

DAY
363

살아 있기

삶의 의미는
그저 살아 있다는 사실입니다.
너무나 명백하고,
너무나 단순하며,
너무나 분명한 진실이죠.
삶의 의미를
굳이 멀리서 찾지 마세요.
지금 숨 쉬고 있다는 것,
느끼고 있다는 것,
경험하고 있다는 것,
그것만으로 삶은 이미 충분합니다.
이 순간, 단순한 존재의 기쁨을
그대로 느껴보세요.

awareness
오늘 하루, 특별한 이유 없이도 나 자신에게 말해보세요.
'지금 살아 있음에 충분하다.'

DAY
364

지금, 여기, 온전히

어디로 가도
나는 언제나 '여기'에 있습니다.
저기로 가도
도착하는 곳은 언제나 '여기'입니다.
나는 지금, 여기,
온전히, 살아 있습니다.

awareness

오늘 하루, 잠시 눈을 감고 조용히 속삭여보세요.
'나는 지금, 여기, 살아 있다.'

DAY
365

삶 곁에 죽음

삶과 죽음은 동전의 양면처럼
늘 함께 있습니다.
우리는 영원할 것처럼 살아가지만,
죽음만큼 흔한 것도 없습니다.
유한함을 인식하는 순간,
삶은 더욱 또렷해집니다.
무엇이 진짜 중요한지,
무엇을 내려놓아야 하는지,
비로소 분별할 수 있게 됩니다.
모든 순간이 당연하지 않고,
더없이 소중한 선물처럼 느껴집니다.
죽음을 곁에 두고 바라볼 때,
우리는 진심으로 살아갈 수 있습니다.

awareness
오늘 하루, 언젠가 내 삶도 끝난다 사실을
조용히 떠올려보세요.

나의 하루명상

365일 동안 '지금, 여기'의 나와 마주해주셔서 감사합니다. 이제는 나만의 하루명상을 이어갈 시간입니다. 이 페이지는 나를 위한 작은 선언문이자, 매일의 삶 속에서 나 자신을 만나기 위한 약속의 공간입니다. 지금, 나만의 하루명상 약속 5가지를 적어보세요.

하루명상 약속 (예시)

1. Stop — 멈추는 나
나는 매일, 잠시 멈추는 시간을 갖겠습니다.

2. Smile — 미소 짓는 나
나는 하루에 한 번, 나를 향해 다정한 미소를 건네겠습니다.

3. See — 바라보는 나
나는 내 감정과 생각을 있는 그대로 바라보겠습니다.

4. Grow — 성장하는 나
나는 매일 나의 하루에서 작지만 의미 있는 성장을 발견하겠습니다.

5. Be — 온전한 나
나는 지금 이 순간의 나를 있는 그대로 인정하고 받아들이겠습니다.

나의 하루명상 약속

하루명상 5가지 약속을 나만의 언어로 써보세요.

1. Stop – 멈추는 나

---

2. Smile – 미소 짓는 나

---

3. See – 바라보는 나

---

4. Grow – 성장하는 나

---

5. Be – 온전한 나

이 약속이 당신의 하루를
조금 더 따뜻하게 만들어주길 바랍니다.

⊕ 하루명상

하루명상은 2018년 시작된 국내 최초의 무료 과학 기반 마음챙김 명상 플랫폼이다. 현재 1,600편 이상의 명상 콘텐츠를 앱을 통해 제공하고 있으며 개인, 기업, 학교, 기관을 위한 맞춤형 명상 프로그램도 운영하고 있다. 2023년부터 전면 무료로 전환한 하루명상은, 명상이 소수의 특권이 아닌, 모두의 삶의 기술이 되어야 한다는 철학 아래 콘텐츠의 공공성과 독립성을 지켜가고 있다. 수면, 음악, 움직임, 어린이 명상 등 다양한 주제의 명상 콘텐츠를 제공하며, KAIST 명상과학연구소와 룩시드랩스와 같은 뇌과학 AI 기반 데이터 분석 회사들과 연구 협업을 통해 과학적 근거에 기반한 명상 과학 프로그램을 개발하여 확산하고 있다. 하루명상의 미션은 '명상으로 세상을 이롭게 하는 것'이다. AI 기반 기술과 전문가 집단 '하루티처'와 함께, 누구나 일상에서 쉽게 실천할 수 있는 명상과학 콘텐츠를 만들어가고 있다.

하루명상 - 읽는 명상 365일

초판 1쇄 인쇄 2025년 09월 25일
초판 1쇄 발행 2025년 10월 10일

지은이 | 하루명상
디자인 | design_co*kkiri
펴낸이 | 성미옥
펴낸곳 | 생각속의집

출판등록 2010년 5월 18일 제300-2010-66호
주소 | 서울시 종로구 혜화동 53-9, 1층
전화 | (02)318-6818 팩스 | (02)318-6613

전자우편 | houseinmind@gmail.com
블로그 | naver.com/houseinmind
페이스북 | facebook.com/healingcafe
인스타그램 | instagram.com/houseinmind

ISBN 979-11-86118-87-0 02180

• 값은 뒤표지에 있습니다.
• 잘못된 책은 구입하신 서점에서 교환해 드립니다